U0020319

THEME 59

超簡單！
東京近郊
排行程

9大 區域 **28**條 路線 **260**+個 食遊購宿

一次串聯！

1～2日行程讓新手或玩家都能輕鬆自由行

目錄

目錄

玩日本行程規畫術

你擔心的，由我們來告訴你～

> 我不會說日文，不可能去日本自助啦！

> 做功課好麻煩哦，要從何開始？

> 看那地鐵圖密密麻麻，我害怕迷路耶……

身邊愈來愈多的朋友自助去日本玩，

總覺得羨慕，卻沒有勇氣踏出第一步嗎？

想要嘗試不被固定行程綁住，

完全能夠自由作主的旅遊形式嗎？

我們了解你因未知而感到卻步，

在這裡，幫你一一點出行程安排的眉眉角角，

快跟著我們一起，

一步一步安排屬於自己的完美行程！

行程規劃的
第一步該怎麼做？

我應該怎麼決定
這次旅行的範圍呢？

當要前往日本旅行時，要一口氣玩完全部知名景點，除了有錢更要有閒，
日本比你想像中的還要大，可以玩的東西很多很多！
當要開始安排行程時，最好先決定要玩哪一區域。

建立Google 「我的地圖」

搜集好想去的景點後，至Google地圖將所有景點全都點進去。這時各景點在地圖上的方位便十分清楚。搞懂想去景點相對位置，掌握方向感是規畫行程的成功開始！

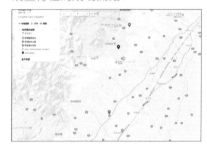

以東京近郊單一城市為主

通常一開始會以單玩一個城市為主。
以東日本為例：
◎只玩神奈川，安排5天行程
◎只玩靜岡、伊豆半島，安排5天行程
◎只玩富士五湖，安排3天行程
◎只玩日光、鬼怒川，安排3天行程
◎只玩輕井澤，安排3天行程

單一城市可再互相串聯

有信心的人，可以單一城市再結合近郊景點。
以關東地區為例：
◎輕井澤1天+草津2天+高崎1天
◎富士五湖3天+靜岡市2天
◎箱根3天+伊豆半島3天
◎日光2天+川越1天
◎成田市2天+水戶市2天

進階者可串聯多個城市

需要帶著行李移動在多個城市之間，進出機場與串聯交通都是要注意的。以東京近郊為例：
◎長野3天+群馬2天
◎栃木3天+埼玉1天
◎神奈川3天+北靜岡3天
◎千葉3天+茨城2天
◎山梨2天+靜岡(中・南部)3天

玩一趟日本
大概要準備多少錢呢？

機票、住宿與一些景點門票，在出發之前心中應該已經有底了。一般來説，日本的食衣住行樣樣都貴，物價約是台灣的2~3倍，當然偶爾還是有撿便宜的時候。

大致物價上可以參考以下的數值：

吃東西可以抓
午餐¥1,000
晚餐¥2,000

 **玩日本好貴
要怎麼省？**

《周遊日本‧JR PASS最強攻略：8大區域×30種PASS×60條行程，從購票、使用到附加好康，新手也能輕鬆自由行(附實用QA)》以JR PASS為主題，介紹玩日本的推薦周遊票券！不妨照著書玩，把錢花在美食、購物上吧！

購物連結

食

麥當勞大麥克漢堡¥480
星巴克拿鐵小杯¥449
松屋牛丼中碗¥400
一蘭拉麵¥980
咖啡廳蛋糕¥350~550
懷石料理¥5,000~10,000

行

JR成田特快列車N'EX，從成田機場到橫濱¥4,390
JR東日本(普通車廂)1站¥150起
關東地區計程車起跳¥500~730
車站寄物櫃小型¥600起/天

樂

日光東照宮門票¥1,300
流行雜誌¥690~1,000
看電影¥1,000~2,000
穿和服¥3,000~10,000

從台灣有哪些**航班**到**東京近郊**？

成田國際機場 往東京周邊近郊各縣旅遊，仍以東京為最主要入口城市，其中成田機場的班機最多，最便利旅人搭配自己的時間安排。進入市區主要的交通方式有JR、京成電鐵和利木津巴士，平均交通時間大概在1小時到1個半小時；也有許多高速巴士可轉乘前往近郊，平均交通時間約2個小時至3小時不等。

航空公司：
中華航空(與日本航空聯航)：www.china-airlines.com/tw/zh
長榮航空(與全日空聯航)：www.evaair.com/zh-tw/index.html
星宇航空：www.starlux-airlines.com/zh-TW
台灣虎航：www.tigerairtw.com/
樂桃航空：www.flypeach.com/tw

羽田機場 羽田機場是飛抵東京後，最接近東京市中心的機場，至品川最短時間為13分。台灣有不少航班飛抵這裡，如果入境後想直接轉往神奈川，選擇羽田相對方便又快速。從機場搭京急木線到橫濱駅只需30分、￥400。
從羽田也有小田急高速巴士可以直達箱根，約3小時、￥2,600。

航空公司：
中華航空、長榮航空

茨城機場 從台灣前往茨城縣有兩個方式，一個是直接飛抵茨城機場，再轉巴士進市區。另一個則飛往成田機場，成田機場也有巴士直接抵達水戶市中心。目前虎航每週皆有2天往返桃園機場與茨城機場間。從茨城空港有巴士聯絡水戶駅，單程約40分鐘。

航空公司：
台灣虎航

富士山靜岡機場 靜岡機場位於靜岡市區南端、30分鐘車程外的區域，雖無鐵道直達，但有巴士通行。台灣飛行靜岡機場目前並無固定航班，以不定期包機為主。但對於想以班機串接日本國內區域，仍是個便利的方式。

航空公司：
依包機航空而不同

除了找旅行社 我還能怎麼買機票？

使用比價網

利用Skyscanner、Expedia、Trip.com等機票比價網，只要輸入出發、目的地與時間，就能把所有航班列出來！

優點

◎簡單方便
◎全部航班一次列出，一目瞭然

缺點

◎票價非即時
◎許多網站為境外經營，客服不好找且可能有語言問題

至官網查詢

至每一個航空公司的官網查詢航班，最能夠了解該航空公司的所有航點與航班，傳統航空大多買來回票比較划算，廉價航空可買單程票。

優點

◎要退票改票較方便
◎遇到特價促銷最便宜

缺點

◎需要一家一家比較

鎖定廉航特價

廉航(LCC, Low Cost Carrier)票價便宜，不過廉價航空規定與傳統航空不同，事前一定要弄清楚。

所有服務都要收費

託運行李、飛機餐、選位都要加價購，隨身行李也有嚴格限重，就連修改機票也要付費。

誤點、臨時取消航班

遇上航班取消、更改時間的話，消費者有權免費更換時段一次，誤點則無法求償。

紅眼航班

大多是凌晨或深夜出發的航班，安排行程時別忘了列入考量。

我要怎麼選擇
住飯店還是旅館？

訂房時，決定因素不外乎是**「價格！地點！交通！」** 交通、地點好的飯店一定搶手，價格也稍貴；若以價格為考量，則是愈早訂房愈便宜。一般來說，日本的住宿可分為以下幾種：

飯店 擁有優越的地理位置或環境，服務體貼、室內空間寬闊，以及完善的飯店設施，適合想在旅行時享受不同住宿氛圍、好好善待自己的旅客。

溫泉旅館 孕育自日本的溫泉文化，特色露天溫泉浴場、傳統與舒適兼備的和風空間，或是可在房內享用的懷石料理，住宿同時也能體驗日式文化的精華。

連鎖商務旅館 多為單人房和雙人房，乾淨的房間、衛浴、網路、簡單早餐，符合商務客和一般旅客需求。東橫inn、Dormy inn和SUPER HOTEL都是熱門選擇。

青年旅館 划算、簡單的住宿，也有套房或雙人房，但主要是宿舍式床位，衛浴公用，大多設有公用廚房、付費洗衣設備，還有交誼廳讓旅客聊天交換訊息。

民宿 民宿的主人、建築特色和當地料理，都是吸引人的特點。民宿房間通常不多，設備也較簡單，日式西式、單獨或共用衛浴都有。因為是私宅，大多都設有門禁。

膠囊旅館 膠囊旅館雖然只是個小空間，卻也有床、插頭、WIFI，衛浴共用，豪華一點的還有電視、保險箱。床位大多以拉簾遮蔽，擔心隱私與隔音效果的人不建議入住。

公寓式飯店 長住型飯店有著與旅館不同的氣氛，坪數寬廣，廚房、客廳、臥室等空間齊備，旅客可以度過悠閒時光，在此找到真正的生活感、休息與放鬆。

懶人看這裡就對了！

類型	飯店	溫泉旅館	連鎖商務旅館	青年旅館	民宿	膠囊旅館	公寓式飯店
背包客、省錢			◎	◎	◎	◎	
小資族、精打細算			◎		◎		
家族旅行、親子旅行	◎	◎			◎		◎
渡假、高品質	◎	◎					◎

Tips

訂房時被要求輸入姓名的平假名、片假名？

日本在訂票、訂房，常被人詬病的便是需要輸入姓名的平假名／片假名拼音。若是遇到這種網站，卻又不會日文的話，可以使用「Name變換君」網站，只要輸入中文姓名，便會自動變換成日文拼音哦！

變換君

怎麼決定住宿地點？

主要還是要先確定「行程」再來安排為佳。以橫濱、鎌倉為例，若只考慮交通便利性的話，一般只要以飯店「距離主要車站的遠近」來判斷即可。若要串聯近郊行程的話，則可以參考：

 富士五湖 從東京有電車、巴士抵達，這區則以入住**河口湖站**、**富士山站**會是較便利的選擇，可方便在周邊五湖遊覽，或是登富士山。

 日光、鬼怒川 兩者都有便利的特急鐵道與東京串聯，不論住**日光**區域或是**鬼怒川**享受溫泉，兩者相距鐵道30分，都很便利互相串接安排。

長野 **松本、長野市、輕井澤**因互相距離較遠，雖有鐵道串聯，但還是須考量到底要玩的區域在哪裡，再決定住哪邊。

千葉、埼玉 這兩個縣較受歡迎的點，都離東京不遠，不想一直奔波的話，**成田市**是適合的住宿點；而埼玉想去更遠的**秩父**，也可直接在那住宿。

茨城 住宿點基本上以**水戶**最適合，居於縣境中間地點，交通也四通八達。

箱根 光從東京過去就要2小時，住宿點以交通中心的**箱根湯本**、還有美景吸引人的**蘆之湖的湖畔**最推薦。其他交通沿線的地方，因區內交通費不便宜，除非有買pass，否則還是得細算一下。

靜岡 靜岡區域廣大，最好切割旅遊點後再決定住宿地點，光伊豆半島的話，**熱海、修善寺、下田**都適合。非伊豆半島的靜岡區域，則以**靜岡市、濱松市**為最佳選擇。

群馬縣 最熱門的**草津溫泉區、伊香保溫泉區**，都很推薦，另外也可考慮**高崎市**，這裡交通四通八達，可串聯縣內各處。

不用擔心，
住房問題我來解答！

一般飯店房型有哪幾種

single／シングル／單人房：**一張床**
twin／ツイン／雙床房：**兩張床**
double／ダブル／雙人房：**一張大床**
triple／トリプル／三人房：**可能是一大床、一小床或三張小床的組合**
ladies floor／レディースフロア／女性專用樓層：**只供女性入住**

我帶小孩一起出門，幾歲以下免費呢？

一般規定為入學年齡（6歲）以下的兒童免費，但還是以各旅館規定為準。

日本需要放床頭小費嗎？大概多少？

服務費都已包含在住宿費用裡，因此並不需要額外支付小費。

一般飯店有供餐嗎？

大多數飯店設有餐廳，會提供餐點。但是否提供「免費」早餐，則不一定。有的時候房價便已經包含早餐，有時則是「素泊」並不包餐，訂房時要注意。

在日本搭電車好可怕？

第一次自己在日本搭電車？不用緊張，其實在日本搭電車就跟在台灣搭捷運、台鐵火車、高鐵一樣簡單。只要注意要搭的路線，了解各家私鐵、JR、地下鐵的差異，一切就解決啦！

> 把地下鐵當做捷運來想就對了！

JR東日本

北陸新幹線：起始站東京，經金澤、終於敦賀(未來拓展至京都、大阪)。利用這條路線能輕鬆到大宮、高崎、輕井澤、長野等，購買JR東日本鐵道周遊券可以搭。

東北新幹線：橫跨東京、埼玉、茨城、栃木、等8大區，是JR東日本轄區內距離最長的新幹線，可前往埼玉大宮、栃木宇都宮、那須塩原等站，在宇都宮駅可轉搭日光線至日光駅。購買JR東京廣域可以搭乘。

京浜東北線、橫須賀線、湘南新宿ライン：直接串連東京都心和神奈川縣橫濱、鎌倉、北鎌倉的最重要鐵道路線，車程花約25~40分鐘即可輕鬆往返兩地。

中央・総武線：有著橘色線條車箱外觀的中央総武線，是來往於東京都~三鷹市~千葉駅的捷徑，於東京駅轉也可乘総武本線潮騷號(しおさい，Shiosai)特急，直達銚子駅。

中央本線：適合前往大月、勝沼ぶどう郷、甲府、富士見等地，在大月駅可轉搭富士急行大月線，至富士山駅與河口湖線河口湖駅。

常磐線：想往茨城的水戶駅、日立駅，最便利的路線，從上野駅出發特急只需1小時20分即可抵達。

東海道線：想前往橫濱、大船、藤沢、小田原、湯河原、熱海等，就是利用這條。須注意，持JR東京廣域PASS只能搭到熱海駅，接著就屬於JR東海的範圍，這張PASS就不適用了。

JR東海

東海道新幹線：屬於JR東海營運，從東京出發，沿途重要站點可前往新橫濱、小田原、熱海、三島、新富士、靜岡、掛川、濱松等，最後抵達京都、大阪等。

東海道本線：東海道本線主以靜岡地區車站為主，含熱海、三島、清水、靜岡、掛川、濱松等大型轉運站。在富士駅可轉往身延線前往富士宮駅、甲府駅；沼津駅可轉御殿場線前往御殿場駅。

私營電車

東武東上線：連接東京與埼玉兩地的鐵道路線，方便從池袋往川越駅。

小田急-小田原線：連接新宿至神奈川西部的小田急，而要到東京近郊最具人氣的景點「箱根」，也可至小田原駅轉搭箱根纜車，直達箱根各個著名景點。

普通車、特急、新幹線

Tips

除了地下鐵之外，JR與私鐵皆有依停靠站的多寡來劃分車種，一般來說，搭乘快車都需要額外支付「特急券」的費用，而這種情況下，還有可能分為指定席、自由席等，價格也會依距離、車廂而有所不同。而新幹線則是JR串聯全國的快速列車，像台灣的高鐵也是使用日本新幹線系統。通常在作長程旅行時才會搭乘，若只是在城市中則無需理會。

日本鐵道發達
坐火車好玩嗎？

日本熱愛鐵道的人十分多，發展出許多特殊的鐵道玩法，讓坐車不只是交通移動，更可以是行程中的一個亮點！東日本範圍有許多特殊列車，若時間剛好可以配合不妨前往搭乘。

岳南電車

保留著硬式票卡，沿途車站的古味襯出恬靜的鐵道生活風情，還有沿線各處能望向富士山的美麗車窗風景，讓這條鐵道恬靜又美麗。

岳南電車

銚子電鐵

1922年設立的地方鐵道「銚子電鐵」，沿著海濱行駛，延路風景美不勝收。一度面臨廢線危機，如今成為電車迷喜愛的極東濱海鐵道。

銚子電鐵

江之島電鐵

被暱稱為江之電，運行於鎌倉、江之島到藤澤之間，通車已逾百年。除了具有通勤的功能之外，由於穿梭於海濱與住宅街區之中，使其觀光色彩更加濃厚，復古車廂也吸引旅人體驗。

江之島電鐵

天龍濱名湖鐵道

簡稱天濱線,橫跨靜岡西部的歷史城區,也行經濱名湖畔,長達67.7公里的鐵道共有39個車站, 很多老車廂跟木造老站體,沿用至今,吸引鐵道迷造訪。

SL大樹

東武鬼怒川線、下今市駅至鬼怒川溫泉駅之間12.4公里的路線上,有著SL(蒸氣火車)在這段路線上奔馳著, 車程約20分。 也有一條是從下今駅~東武日光站駅的路線。

線上預約最確實

Tips 幾乎所有的觀光列車皆需要事先預約,如果待在日本時間長一些,可以在乘坐列車的三天前至車站窗口劃位購票,若是一抵達日本便要搭乘,則可透過網路訂票,或至台北代理旅行社預訂。

JR東日本網路訂票

SL群馬

從高崎駅出發,目前主要出發路線有2條,一條是高崎~水上(2H),一條是高崎~橫川(1H),限定週末一天僅一台出發,至於當天路線是哪條,要上網查看。

在日本搭公車
路線都好複雜？

主要有市區公車和長距離巴士兩種。在部分日本地區，使用公車可能比鐵路更為方便。另外還有長距離聯絡的高速巴士和夜間巴士，可以為精打細算的旅客省下不少旅費。

公車乘車step by step

尋找站牌、上車

依照要前往的方向尋找正確站牌。

前方看板顯示下車站，
對照整理券號碼確認應付金額

車內電子看板會顯示即將抵達的車站。因為是按里程計費，因此另一張表格型的電子看板會隨著行車距離，有號碼和相對應的價格。

到站按鈴，從前門投幣下車

和台灣一樣，到站前按鈴就會停車。從駕駛旁的前門投幣下車，將整理券和零錢一起投入即可。如果沒有零錢也可以用兌幣機換好再投。

Tips

搭公車不知道下車該付多少錢？

依距離計費的公車，在上車時都有抽取整理券的機器。整理券是用來對應區間、確認車資，如果沒有這張券的話，下車時就得付從發車站到下車站時的車資，所以建議上車時一定要記得抽取。

高速巴士、夜間巴士是坐車時付錢嗎？

高速巴士和夜間巴士需要購票後才能搭乘。雖然現場有空位的話還是可以買票後馬上坐，但因為沒有站票，若遇到連假或尖峰時間很可能會沒位可坐。所以推薦預先透過網路訂票，再到便利商店付款取票。若整個行程天數較多，在乘車日前幾天先繞去把票買好，就不用擔心當天沒有票可買。

在日本要如何用自動售票機買票或加值？

自動售票機圖解

Step1
在票價表找出目的地，
便可在站名旁看到所需票價。

Step2
將銅板或紙鈔投進售票機。

Step3
按下螢幕的「きっぷ購入(購買車票)」。

Step4
接著按下所選目的地票價即可。

交通儲值卡Suica

由JR東日本推出的Suica是類似台北捷運悠遊卡的儲值票卡，只要在加值機加值便能使用，如果卡片中餘額不足，無法通過改札口，則必須在精算機精算出餘額，也可以直接在精算機加值。

Step1 找到精算機
通常改札口旁都會設有精算機，上方會寫有「のりこし」和「Fare Adjustment」。

Step2 將票放入精算機

Step3 投入差額
可選擇投入剛好的差額(精算)
或儲值(チャージ)。

Step4 完成

Suica& PASMO

Tips

關東以JR發行的Suica(西瓜卡)、和地下鐵與私鐵系統發行的PASMO兩張卡片最普片，其中又以Suica卡一張卡幾乎就可以玩遍日本。可搭車也可小額支付購物，但需注意地方私鐵無法使用。
● 智慧手機也能使用Suica卡，最強攻略教給你！

MOOK玩什麼

有什麼推薦的體驗活動？

地獄谷野猿公苑

澀溫泉看猴子泡湯

位在海拔850公尺山中、溫泉噴煙處處的溪谷中，一年有三分之一時間，雪地冰封，由於引來野生猴子們都跑來這裡泡湯取暖，奇特的療癒風景，吸引世界觀光客們遠道而來。

安藤百福發明紀念館

做日清杯麵體驗

「日本人發明了杯麵，改變了全世界的食文化。」發明杯麵的，正是日清食品集團的創始人安藤百福。來到橫濱的記念館，參觀、品嚐外，也可體驗自製杯麵。

行程安排小提醒

Tips

・**熱門點挑平日**

熱門旅遊地平常就已經夠多人了，若是遇上日本連假，不僅人潮更多，飯店也會漲價，尤其要避開日本黃金週(5月初)及新年假期(12月底~1月初)，才不會四處人擠人。

・**確認休日**

心中已有必訪景點、店家清單時，別忘了確定開放時間，以免撲空。

・**決定備案**

旅行途中因為天氣、交通而掃興的例子很多，不妨在排行程時多安排一些備案，如果A不行，那就去B，這樣會更順暢。

工廠夜景叢林遊船

工廠夜景叢林遊船

橫濱港灣除了港口，也集結不少重工業廠區，晚上工廠的燈光變身成璀璨夜景。航程從橫濱紅磚倉庫群出發，巨大的濱岸工廠在夜間燈光下，變得非常奇特，可說是條超特別又很受歡迎的夜間巡航路線。

熱乃湯

草津翻湯體驗

草津溫泉所湧出的泉源溫度太高，自古便傳下一種「湯揉」的儀式，用長木板不斷攪拌溫泉水，以調節湯溫使溫度下降。在熱乃湯就有湯揉體驗(湯もみ体験)可以報名參加，意外地～這湯揉其實挺累的喔。

那須平成の森

平成之森雪地探險

日光国立公園那須平成の森，曾是日本皇室避暑地，保留完整生態。綠意盎然季節許多人來林間走步道、賞景，但冬天更有趣，可跟著導覽員，在雪地森林裡探險，認識冬季裡的各式生態秘密。

哪些景點適合參加
一日遊旅行團，怎麼選擇？

若對郊區交通較無自信的人，也可以適當地穿插一些一日團體行程，將行程延伸至交通較麻煩的景點，同時也能保留都心的自由行程。以東京周邊為例，通常會以都心為據點，參加前往東京近郊的行程。這類行程有包餐、不包餐，包門票、不包門票的區別，選購時可以多方比較。

推薦可以選擇的團體行地點：

上高地 上高地有入山季節限制，加上以步道為主，雖然有些步道很單純，大約繞一圈約1個多小時就完成，但也有3個多小時的步道行程，如果沒自信自己走，就是參加行程會較安心。

箱根 箱根範圍很大，交通工具又五花八門，到底買哪張PASS好？行程怎排最順？光查資料都頭昏眼花。直接參加團走，一樣也會體驗這些交通工具，但少了很多事前繁雜功課。

富士山 爬富士山是很多人的心願，近來也越來越多新規上路。雖然幾乎跟著人潮走就對了，但其實路面狀況並不好走，如果希望有人可以互相協助或幫忙安排住宿交通等，就適合參加行程。

日光 日光除了東照宮等三寺可以徒步抵達，其他都得搭乘巴士約30分鐘去串聯，不想這麼麻煩，也可找個適合的巴士行程參加。

想參加團體行程，有建議的旅行社嗎？

KKDay、KLOOK等旅遊平台網

近年來興起的旅遊平台網，不只可以購買優惠票券，也販售不少東京出發的一日旅行團。這類行程大多以拼團的方式進行，但好處是導覽能以華語導覽，在解說行程與時間時能夠精確溝通，不怕雞同鴨講。

我想要租車得考慮什麼呢？

離開都會區，許多潛藏的優美景點又沒有大眾交通工具可以到達，要盡覽迷人風光，開車旅行是最佳方式。但在異國開車心中總是不太踏實嗎？該注意的我們幫你整理在這裡：

先注意這些事

◎只玩各大主要城市可避免租車

◎記得在台灣申請駕照譯本、並攜帶駕照正本

◎保全險是一定要的

◎事故擦撞一定要報警，保險才會理賠

日文譯本駕照

2007年9月開始，日本政府正式承認台灣駕照，只要持有本國駕照的日文譯本就可以在日本合法開車，輕鬆上路。

地點：全台各地的監理站或監理所可辦

價格：100元

緊急求助

很多路標下方會加設指示牌，顯示所在地內相關的道路情報中心的電話號碼。遇到緊急狀況，可致電給他們，或是租車公司、JAF的緊急救援電話尋求援助。

JAF道路服務救援專線

電話：0570-00-8139

Tips ① 先查好景點 Map Code

日本租車時，利用車上的導航，除了輸入地點的地址、電話之外，亦可以輸入Map Code來進行設定。通常若是不會日文，建議可以事先查好Map Code，要輸入時才不會手忙腳亂。

Tips ② 休息站

開車時見到大大的「道の駅」指示，就知道休息站到了。日本的休息站與台灣的一樣，提供休憩空間及餐飲，其中有許多擁有美麗的景緻，並販售當地知名的美食，開車經過時，不妨進去小憩片刻。

Tips ③ 注意額外費用

人多共乘自駕，看起來好像很省錢，其實除了租車、保險的費用之外，加油費、停車費、快速道路過路費等都是一筆不小的花費，有時候還不如搭火車比較省錢又省力呢！

高速道路 關東地區幅員廣大，利用高速公路可以省下不少的交通時間，缺點就是費用稍貴。想進入高速道路，順從導航系統的指示開車(設定時選「使用有料道路」)，途中的綠色看板即為高速道路的專用標誌。若車上沒有ETC卡，即開往「一般」車道，因日本高速道路的收費方式為「入口取通行券，出口付過路費」，在入口處的發券機抽領通行券後即可上高速道路。抵達道路出口時，放慢速度，通常出口附近都有價目表可查看，在收費站將通行券交給收費員並支付費用，即可順利出高速道路。

推薦網站 ◎查詢高速道路費用
ドラぷら☎www.driveplaza.com
◎規劃路線
YAHOO! JAPANロコ☎maps.loco.yahoo.co.jp
Google地圖☎maps.google.com.tw
NAVITIME☎www.navitime.co.jp

公路常見用字

IC：Interchange，交流道。
JCT：Junction，系統交流道，也就是兩條以上高速公路匯流的地方。
PA：Parking Area，小型休息站，通常有廁所、自動販賣機，餐廳則不一定。
SA：Service Area，這是指大型休息站，廁所、商店、餐廳齊全以外，一般也設有加油站。

開車實用日文

異地還車
乗り捨て
no-ri-su-te
※意指甲地借、乙地還，不同區間則需要外加費用。

折價、優惠
割引
wa-ri-bi-ki

衛星導航
カーナビ(car navigator)
ka-na-bi

車禍
交通事故
ko-tsu-ji-ko

收費道路
有料道路
yu-ryo-do-ro

◎實用會話
請問這個地址在哪裡？
ここの住所を教えてください。
ko-ko no jyu-syo wo o-shi-e-te-ku-da-sai.

受傷了
ケガをしました。
ke-ga wo shi-ma-shi-ta.

拋錨了
故障しました。
ko-syo shi-ma-shi-ta.

車子該停在哪裡？
車はどこに停めればいいですか。
ku-ru-ma wa do-ko-ni to-me-re-ba ii-de-su-ka.

車子不能發動
車が動かない。
ku-ru-ma ga u-go-ka-nai.

反鎖了
鍵を閉じ込めました。
ka-gi wo to-ji-ko-me-ma-shi-ta.

爆胎了
パンクです。
Pan-ku-de-su.

電瓶沒電了
バッテリーが上がりました。
batte-ri ga a-ga-ri-ma-shi-ta.

沒油了
ガス欠です。
Ga-su-ke-tsu-de-su.

有停車場嗎？
駐車場はありますか。
chu-sha-jo wa a-ri-ma-su-ka.

可以開**旅行必備品**的清單給我嗎？

旅行中，每個人所需要的東西不太相同。除了一些較私人的物品之外，這裡列出一般人會需要的東西，以供參考：

證件

☐	護照／影本
☐	身份證
☐	駕照日文譯本
☐	駕照正本
☐	備用大頭照2張

行程相關

☐	外幣現鈔
☐	少許台幣現鈔
☐	電子機票
☐	預訂飯店資料
☐	預訂租車資料
☐	行程／地圖
☐	導覽書

電子產品

☐	手機充電線
☐	相機／記憶卡／電池
☐	行動電源
☐	筆電／平板

衣服配件

☐	上衣
☐	褲子
☐	備用球鞋
☐	襪子
☐	內衣褲
☐	外套
☐	圍巾
☐	泳衣
☐	帽子
☐	太陽眼鏡
☐	雨傘

清潔護膚用品

☐	洗臉用品
☐	牙刷／牙膏
☐	防曬乳
☐	化妝品
☐	毛巾
☐	梳子

常備雜物

☐	自己的藥
☐	腸胃藥
☐	蚊蟲咬傷用藥
☐	OK繃
☐	水壺
☐	小剪刀／水果刀
☐	面紙/濕紙巾

旅行中有什麼
實用的APP？

現代人蒐集旅遊資訊，當然不能少了APP這一項，以下是到日本旅遊時實用的APP，建議大家事先安裝好，才可以隨時應變。

Payke

在日本盡情購物時苦於看不懂商品包裝和成分嗎？有了Payke，只要掃描條碼就能快速得知商品訊息，目前支援包括繁體中文、英文在內的七種語言，登錄的商品數多達35萬件，讓不會日文的外國人也能輕鬆了解商品魅力！（也可利用Google翻譯，開啟相機來偵測翻譯）

NAVITIME
for Japan Travel

針對外國旅客推出的旅遊APP，不僅有WIFI、寄物等服務資訊，也有文化介紹，最方便的要屬轉乘搜索功能，可以直接從地圖點選車站。
※此APP檔案較大且需要簡單設定，出發前記得先安裝好。

tenki.jp

日本氣象協會推出的APP，天氣變化、櫻花、紅葉、下雪情報都在其中，是確認天氣不可或缺的超實用程式。

gurunabi

可以依網友評價來判斷餐廳、咖啡廳等是否值得前往，也能直接預約餐廳。不知道吃什麼的時候，也可以用來搜尋所在地附近美食。

乘換案內

搭車、轉車時的好幫手。日本全鐵道系統皆支援。只要輸入出發站與目的站的日文名稱，便能提供多種交通選項，搭乘月台、車資等也都清楚標示。

東京近郊區域圖

新潟縣

富山縣

湯田中♨

長野市

草津溫泉♨ ❺群馬縣

❼栃木

伊香保溫泉♨

前橋

輕井澤 高崎

上高地 松本 ❶長野縣

岐阜縣 諏訪 ❻埼玉縣

秩父 川越

東京都

甲府 勝沼 八王子 東

❸山梨縣

飯田 河口湖

富士吉田 横浜

山中湖 ❹神奈川縣

鎌倉

朝霧高原 富士山▲ 御殿場 江之島 横

富士宮 箱根

沼津 三島 熱海

❷靜岡縣 清水 修善寺

靜岡市 西伊豆 伊豆高原

✈靜岡空港 伊豆半島 河津

愛知縣 浜松 下田

• 那須高原　　　福島縣

川温泉

• 宇都宮

　　　　　水戸・偕楽園
笠間　•　　　•常陸
　　　　　　•大洗

❽茨城縣　✈茨城空港

　　　　　　　　佐原
成田•　　✈
佐倉•　成田空港　　銚子
◎東京迪士尼渡假區
　　•千葉
羽田空港

❾千葉縣

• 勝浦

• 南房総

東京近郊鐵道圖

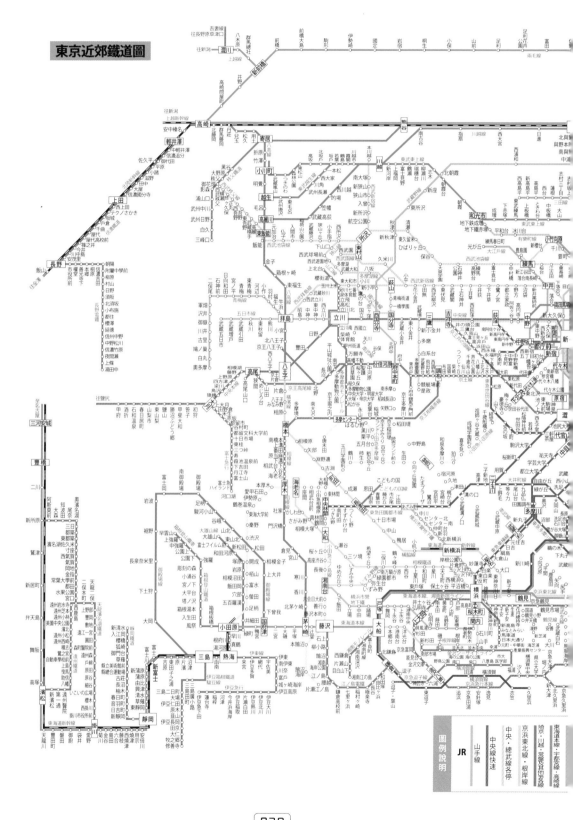

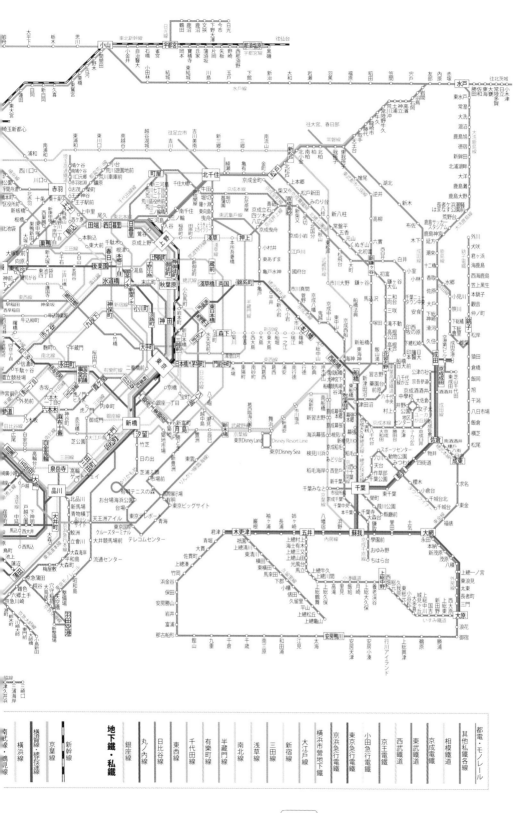

神

奈川縣排行程入門指南

栃木縣
群馬縣
茨城縣
埼玉縣
東京都
千葉縣
神奈川縣

位在東京都心西南方的神奈川縣，一直是東京近郊旅行的不二首選，繁華的港都橫濱、衝浪愛好者的湘南海岸、江之島、鎌倉古都等，都是讓人留連忘返的熱門旅行地。當然還有箱根，更是喜歡溫泉之旅的近郊旅遊首選之一。

Q 我到神奈川觀光要留幾天才夠？

Q 天氣跟台灣差很多嗎？

Q 什麼季節去最美？

A 神奈川幅員廣大，尤其包含箱根一帶至少需要4天3夜。新手建議以東京為主，延伸1、2個區域，安排當日來回，或是2天1夜，當然直接一路串聯不回到東京續玩也可，交通都很便利。基本上每一地區至少要安排一天以上的時間，才能玩得盡興。

A 神奈川各地氣候多半與東京差異不大，都屬四季分明且溫暖宜人的海洋性氣候，但冬季平均氣溫多半會在10度以下，春秋早晚溫差較大。位在山區地域的箱根，冬季會降雪，有些景區營業時間都會在冬季縮短，甚至因天候不佳而臨時停運一天也有可能，需多加留意。

A 神奈川其實四季都好玩！如果想看美麗浪漫的繡球花，務必在6月初一訪有繡球花寺美稱的明月院、長谷寺等，7、8月煙火大會接連上演，適合來湘南海岸走一遭；秋天時節則可前往箱根一帶，浪漫楓紅配上蘆之湖及遠方白了頭的富士山，邊泡湯邊享美景，最是享受。

有了基本認識後，現在就來打造最適合自己的旅遊行程吧！

從機場要搭什麼車進入市區

成田空港→神奈川

JR成田特快列車N'EX

◎快速路線與價格指南

(註:如使用普通車廂指定座席,可於淡季期間享200日圓折扣、旺季期間需額外收費200～400日圓。)

路線名	目的地	時間	價格
成田特快列車N'EX	橫濱駅	約95分	¥4,390
	大船駅	約110分	¥4,700

※大船可往鎌倉、江之島等地

利木津巴士

◎從成田空港出發

羽田空港→神奈川各區

京急電鐵

路線名	目的地	時間	價格
京急本線 (京急機場線)	川崎駅	20分	¥330
	橫濱駅	30分	¥400

※京急機場線會與京急本線直通,不用換車

一航站牌	二航站牌	三航站牌	目的地	時間	價格
12	15	7	YCAT(橫濱城市航空總站)	約90分	¥3,700
12	15	7	みなとみらい(港都未來21)	約110~120分	¥3,700

※YCAT位在橫濱站;港都未來21會停留3個飯店站點

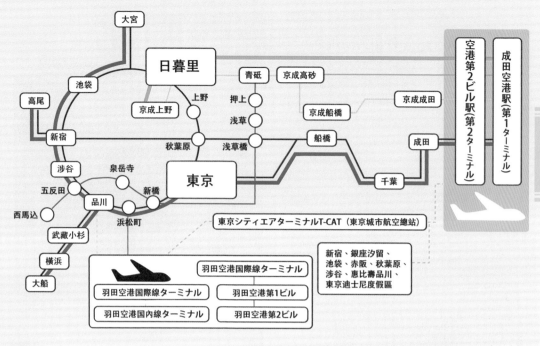

圖例	━━━ スカイライナー（Sky Liner）	━━━ 成田エクスプレス（成田特快）	──── 都營浅草線
	──── 成田スカイアクセス線	──── JR線	‑‑‑‑ 京浜急行線
	──── 京成本線	──── 東京モノレール（東京monorail）	‑‑‑‑ リムジンバス（利木津巴士）

巴士

◎從羽田空港出發

路線名	目的地	時間	價格
京急巴士・東急巴士	横浜駅(YCAT)	約50分	¥650
京急巴士	みなとみらい地區 （山下公園、赤レンガ倉庫）	約60分	¥800
京急巴士・江之電巴士	大船駅・藤沢駅・鎌倉駅	約1小時～1小時30分	¥1,350~1,500
京急巴士・小田急高速巴士	箱根桃源台	約3小時	¥2,600

※運行時間視道路情況而調整

懶人看這裡就對了！

	立木津巴士	一般鐵路	直達列車	計程車
行李又多又重	○	△	△	○
只要便宜就好	△	○	△	✕
只要輕鬆就好	△	✕	△	○
沒時間，要快點	△	✕	○	△

○=適合　△=還可以　✕=不適合

神奈川縣的東西南北馬上看懂

東京都

八王子市

權現山

大月市

相模原市

412

20

413

16

413

山梨縣

大利

丹澤山

神奈川縣

厚木市

山中湖

小田急江之島線

秦野市

御殿場市

南足柄市

茅ケ崎市

藤澤

138

平塚市

東海道新幹線

藤澤駅

御殿場駅

469

江之

小田原市

靜岡縣

箱根

相模灣

箱根山

5

小田原駅

1

箱根湯本駅

135

湯河原町

湯河原駅

三島市

往熱海↓

跨縣市的旅遊行程，
選擇交通便利的地方
住宿準沒錯！

我要住哪一區
最方便？

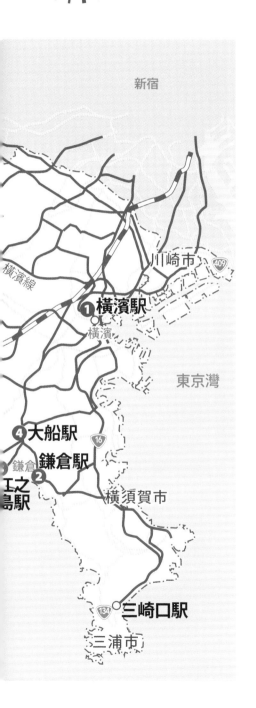

新宿

橫濱線

川崎市 409

❶橫濱駅
橫濱

東京灣

❹ 大船駅 16

鎌倉 鎌倉駅

江之島駅 ❷

橫須賀市

134 三崎口駅

三浦市

❶橫濱：

位居東京與東海道的交通轉運中心，無論前往機場或箱根、江之島等景點都方便，飯店價位也較東京便宜，尤其百貨購物商場相當多，美食街會營業到晚上11點，不怕餓肚子，還有橫濱港灣美麗夜景等，夜晚娛樂也較多。

❷鎌倉：

從橫濱當日往返鎌倉雖然算方便，但畢竟光鎌倉、北鎌倉一直串到江之島，若不一次都玩到足，真的很難罷休！一天絕對是走馬看花、很趕很趕，值得在這古都多住一晚，悠閒感受一下觀光客散去後的舒適氣氛。

❸七里ヶ浜：

如果是無海不歡的人，那麼不住鎌倉，推薦在熱門的湘南海岸邊住一晚吧，這裡有大型的王子度假飯店，從這裡出發，一樣鎌倉、江之島全部都不會漏溝，還能享受清早或夕陽的湘南海岸美麗景致。

❹大船：

如果希望將江之島及湘南海岸列為重點，但住一晚後，隔天希望快速回返東京，那麼大船是個好選擇，站口有數家飯店，還有成田特快N'EX串聯東京及機場。從這裡往江之島，還可以搭乘吊掛式單軌電車前往，只需15分鐘，又快又有趣。

❺箱根：

如果想多留幾天在箱根區域玩，以交通中心點來規劃住宿就對了。箱根湯本、強羅、桃源台及元箱根這幾處都很適合當作據點，飯店旅館比較多外，周邊景點也多，更有舒適的溫泉浴洗禮可以享受。

要搭車前
先搞懂這幾張交通圖！

箱根鐵道

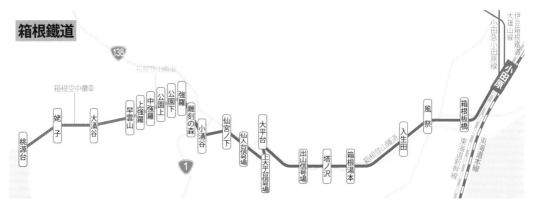

箱根空中纜車

138

箱根登山鐵道

桃源台・姥子・大涌谷・早雲山・上強羅・中強羅・公園上・公園下・強羅・雕刻の森・小涌谷・仙宮ノ下・仙人台信號場・大平台・上大平台信號場・出山信號場・塔ノ沢・箱根湯本・入生田・風祭・箱根板橋・小田原

伊豆箱根鐵道・大雄山線・小田急小田原線・東海道新幹線・東海道本線

江之島電鐵

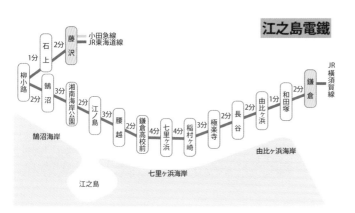

小田急線
JR東海道線

藤沢 — 2分 — 石上 — 1分 — 柳小路 — 2分 — 鵠沼 — 3分 — 湘南海岸公園 — 2分 — 江ノ島 — 3分 — 腰越 — 2分 — 鎌倉高校前 — 4分 — 七里ケ浜 — 4分 — 稲村ヶ崎 — 3分 — 極楽寺 — 2分 — 長谷 — 2分 — 由比ヶ浜 — 1分 — 和田塚 — 2分 — 鎌倉

JR横須賀線

鵠沼海岸　湘南海岸　七里ヶ浜海岸　由比ヶ浜海岸

江之島

有什麼優惠車票適合我？

	JR N'EX東京去回票	港未來線1日乘車票 みなとみらい線一日乘車券	港灣漫遊車票 みなとぶらりチケット
使用區間	往返成田機場與東京首都圈的去回票，可搭乘範圍包含 1.東京都：像是品川、澀谷、新宿等。 2.千葉縣：可至千葉站。 3.神奈川縣：可至川崎、橫濱、大船。 4.埼玉縣：可至大宮站。	可1日無限搭乘港未來線，並享有部分設施、商店的折扣。	1日內可任意搭乘市營巴士、市營地下鐵及觀光巴士「あかいくつ」(紅鞋號)，並享有約60處以上觀光景點與店舖的折扣。若需要串聯新幹線，則可選買還可在市營地下鉄新橫浜駅、自由上下站的廣域票券(搭乘規範同上)。
價格	成人¥5,000， 兒童(6~11歲)¥2,500	成人¥460，兒童¥230	成人¥500，兒童¥250 (廣域票成人¥550，兒童¥280)
有效時間	14天	1日	1日
使用需知	N'EX東京去回車票可從購票時指定的開始使用日起，14天內往返搭乘一趟。	·為磁卡票券，刷票走一般閘口即可。 ·售票機只售當日使用的票券。 ·搭乘當日只要於沿線合作設施出示票券，即可獲得各種優惠。	·為紙本式票券，購買時需指定使用日期。 ·票券可以預先購買，只要在指定日前尚未使用，皆可退費，但需收取¥100費用。 ·票券可以搭到三溪園，但從橫濱港區域～三溪園中間，不可以下車。 ·搭乘當日只要於沿線合作設施出示票券，即可獲得各種優惠。
售票處	1.於JR東日本網路訂票系統購買。抵日後於設有護照讀取器的指定席售票機取票。 2.抵日後，於設有護照讀取器的指定席售票機購票。 3.可於成田機場第1、2、3航廈的JR東日本旅行服務中心及JR售票處購買。	港未來線全線車站售票機。	1.市營地下鐵駅（横浜・高島町・櫻木町・關內・伊勢佐木長者町）。 2.市營地下鐵-横浜駅定期券發售窗口。 3.櫻木町駅觀光案內所。 4.市內主要飯店購票。
官網			
購買身分	非日本籍旅客，購買需出示護照。	無限制	無限制

江之電一日乘車券 Noriorikun「のりおりくん」	鎌倉環境手形一日券 鎌倉フリー環境手形	小田急鎌倉江之島一日 江の島・鎌倉フリーパス
江之電全線自由上下車	由鎌倉市役所推行的票券，可搭乘**江之電鎌倉駅~長谷駅之間，北鎌倉~鎌倉市內的江之電巴士、京濱急行巴士(5條指定路線)**，1日之內可以自由搭乘。 ·鎌倉駅東口(2號月台)~北鎌倉駅 ·鎌倉駅東口(4號月台)~淨明寺 ·鎌倉駅東口(5號月台)~大塔宮 ·鎌倉駅東口(1、6號月台)~大仏前 ·鎌倉駅東口(3號月台)~名越	江之島~鎌倉周遊券，可說是從東京到鎌倉(包含江之電一日券)最便宜的套票，可於1日內搭乘以下交通工具。 **【江之電全線】**自由搭乘 **【小田急線(藤澤站~片瀨江之島站)】**自由搭乘 **【小田急線區間(出發車站~藤澤站)】**往返各搭乘1次 享江之島及鎌倉等各設施、商店多處提供優惠折扣。
成人¥800，兒童¥400	成人¥900，兒童¥450	(新宿出發) 成人¥1,640、兒童¥430 (藤澤出發) 成人¥810、兒童¥410
1日	1日	1日
·為磁卡票券，刷票走一般閘口即可。 ·售票機只售當日使用的票券。 ·搭乘當日只要於沿線合作設施出示票券，即可獲得各種優惠。	·紙本票券發售形式。 ·1月1日~3日無販售。 ·當日出示票券，多達50處以上的寺院、景點、店鋪可享優惠。	·為磁卡票券，刷票走一般閘口即可。 ·票券共3張，包含1張江の島・鎌倉Pass、另2張為出發地至藤沢的來回票(用過即收走)。 ·上方票價僅供參考，票價依實際出發地而異。 ·搭乘當日只要於沿線合作設施出示票券，即可獲得各種優惠。
1.網站購買電子票券。 2.江之電沿線車站的自動售票機。 3.其他委託販賣處。	1.江之電：江之電鎌倉駅、長谷駅購票。 2.京濱急行巴士：鎌倉營業所、鎌倉駅前案內所購票。	1-下載「EMot」App購買電子票。 2-小田急沿線車站自動售票機、售票窗口。 3-小田急旅遊服務中心。 4-指定旅遊代理公司購買。
無限制	無限制	無限制

箱根周遊券 Hakone Free Pass，箱根フリーパス	海賊船・空中纜車自由券 海賊船・ロープウェイ乗り放題パス	登山電車・空中纜車「大涌谷」2日票 登山電車・ロープウェイ「大涌谷きっぷ」
【箱根地區8種交通工具自由搭乘】 箱根登山電車、箱根登山纜車、箱根空中纜車、箱根海賊船、箱根登山巴士(指定區間)、小田急箱根高速巴士(指定區間)、東海巴士(指定區間)、觀光景點巡遊巴士(箱根登山巴士)。 **【小田急線來回車票(出發站~小田原站)】** 以及約70多處觀光設施享優惠折扣。	期間內可任意乘坐海賊船和箱根空中纜車(箱根ロープウェイ) **【箱根空中纜車】**桃源台駅~早雲山駅 **【箱根海賊船】**桃源台港~箱根町港・元箱根港 箱根強羅公園、成川美術館、箱根関所享入場優惠	這張2日票券可以在區間內2日自由搭乘 **【箱根登山電車】**小田原駅~強羅駅 **【箱根登山電車】**強羅駅~早雲山駅 **【箱根空中纜車】**早雲山駅~大涌谷駅 **【小田急線區間】**乘車券去回票各一張(出發駅~小田原駅)
新宿出發 1日成人¥6,100、兒童¥1,100 2日成人¥6,500、兒童¥1,350	1日成人¥4,000、兒童¥980 2日成人¥4,500、兒童¥980	新宿出發 2日成人¥5,180、兒童¥1,080
連續2日、3日	1日、2日	2日
·搭乘小田急浪漫特快需另付特急費，新宿→箱根湯本¥1,200。 ·售票機只售當日使用的票券。 ·持券可免費入園箱根強羅公園。 ·上方票價僅供參考，票價依實際出發地而異。	·因天候關係，也有可能會臨時停售的狀況。 ·因火山噴煙的影響，早雲山~姥子段也有可能纜車停運。(但會有巴士接駁) ·若因天候停運無法使用PASS，可依規定辦退費。 ·搭乘空中纜車及海賊船，務必注意營運時間及班次。	·搭乘小田急浪漫特快需另付特急費。 ·若因天候、火山噴煙影響空中纜車運行，會有巴士接駁。 ·持券可免費入園箱根強羅公園。 ·若因天候停運無法使用PASS，可依規定辦退費。 ·上方票價僅供參考，票價依實際出發地而異。
1.下載「EMot」App購買電子票。 2.小田急沿線車站自動售票機、售票窗口。 3.小田急旅遊服務中心。 4.箱根登山鐵道各大站。 5.箱根登山巴士各站服務中心等。	1.下載「EMot」App購買電子票。 2.海賊船各港口。 3.箱根空中纜車各站。	1.網路購買電子票券。 2.箱根登山鐵道各大站。 3.箱根登山纜車：強羅駅・早雲山駅。 4.小田急旅遊服務中心：小田原、箱根湯本。
無限制	無限制	無限制

橫濱港灣迷人風情
1日行程

地標塔　跨港纜車　購物美食
紅磚倉庫　港灣　港灣開拓史

橫濱的港區未來21(みなと未 21)，現代感高層建築比鄰並列，串聯出港灣都市的現代化。另一方面，保存開港時期的歷史建築讓這裡充滿新舊都市對比景觀，現代化之餘，依然能讓人感受昔日的優雅風情。

09:40 櫻木町駅
10:00 日本丸紀念公園
11:30 橫濱地標塔

阿夫利AFURI／午餐
14:10 櫻木町纜車站
橫濱空中纜車
14:30 運河公園纜車站
橫濱紅磚倉庫

晚

YOKOHAMA World Porters
(夏威夷TOWN)
19:00 馬車道駅

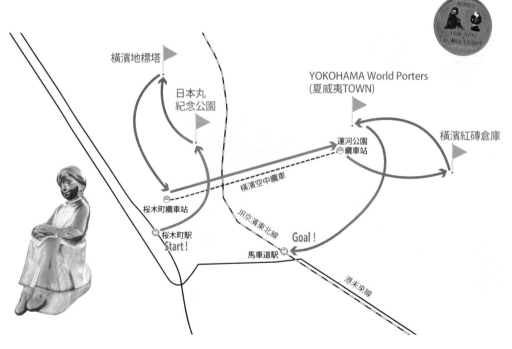

横濱地標塔

日本丸
紀念公園

YOKOHAMA World Porters
(夏威夷TOWN)

横濱紅磚倉庫

運河公園
纜車站

横濱空中纜車

桜木町纜車站

JR京濱東北線

桜木町駅
Start！

Goal！

馬車道駅

港未來線

港區未來21,
新舊交錯的港灣迷人風景

Point! 本區說大不大、說小也不小,徒步之外也可搭配交通工具,會比較輕鬆。

Start!

櫻木町駅
JR京浜東北線

步行 **5**分

車站出來往海灣方向走,約步行5分。

日本丸紀念公園

停留時間 **1**小時

橫濱是日本第一大港,這裡除了展示橫濱港開拓史的橫濱海事博物館外,最精彩的當屬停泊在內灣的日本丸帆船,從操舵室、船長室、機關室等都保留著當年的丰采,加上美麗白帆,是港區十分醒目的一景。

時間 10:00~17:00 **價格** 日本丸+博物館共通券:大人¥800,中小學生¥300 **休日** 每年1月底~2月初(整修時間,見網站公告) **網址** www.nippon-maru.or.jp

步行 **3**分

高聳的地標塔存在感極高,朝著他走就對了!

橫濱地標塔

停留時間 **1.5**小時

這座複合式建築,高達296公尺,集結購物、餐廳、飯店外,更可搭乘高速電梯、直達69樓的空中花園展望台SKY GARDEN,360度的遼闊視野讓人心情舒暢,天氣晴朗時,甚至可遙望白雪冠頂的富士山。

從69樓居高臨下,可眺望橫濱港灣的美麗景色。

時間 展望台10:00~21:00(最後入場20:30) **價格** 大人¥1,000,高中¥800,中小學¥500,4歲以上小孩¥200 **網址** www.yokohama-landmark.jp/skygarden/about/

地標塔內1F。

步行
2分

阿夫利AFURI

13:00

停留時間
1小時

地標塔內1F人氣拉麵店，拉麵風味清爽、店裝風格年輕，吸引不少年輕客群上門。以神奈川縣的阿夫利山的天然水，加上雞肉、魚及蔬菜熬成的清爽黃金色高湯，推薦入口飄散淡淡柚香酸的招牌柚子鹽拉麵。

時間 11:00～23:00 **價格** 柚子鹽拉麵¥1,173
網址 afuri.com

往回經過日本丸，
纜車站就在JR櫻木町駅前方！

步行
5分

櫻木町
纜車站
橫濱空中纜車

橫濱空中纜車
YOKOHAMA AIR CABIN

14:10

橫跨於JR櫻木町站前至紅磚倉庫區的運河公園，城市型循環空中纜車2021年4月起正式營

搭乘時間
5分

運，不但讓港區未來21的天際線，展現新風貌，也強化了往返運河公園的便利性。跨港絕美視覺享受，既是交通工具，也能當觀光纜車來享樂。

時間 10:00～21:00 **價格** 單程大人¥1,000、小孩¥500 **網址** yokohama-air-cabin.jp

跨港纜車，雖然短短
5分鐘，卻大大便利
了跨港步行時間。

纜車站下車後，
斜前方就是美麗的紅磚倉庫！

步行
3分

運河公園
纜車站
横濱空中纜車

14:30 横濱紅磚倉庫

停留時間
2.5小時

横濱港邊的舊倉庫群，建於明治44年(1911年)，可説是横濱最具指標的門面景點。在充滿懷舊風情的紅磚空間內，有繽紛雜貨及時髦咖啡廳、餐廳外，戶外廣場更是時常舉辦各式人氣活動，耶誕節前後，這裡更會變身成溜冰場。

[時間] 11:00~20:00(依店家而異) [網址] www.yokohama-akarenga.jp

入夜後，横濱Cosmo World的摩天輪就在商場旁閃耀光芒。

紅磚倉庫圖樣及海洋圖騰小物，是必買旅遊紀念品。

往回走，YOKOHAMA World Porters 商場就在纜車站前面。

步行
3分

17:00 夏威夷TOWN

停留時間
2小時

位於YOKOHAMA World Porters商場一樓的「夏威夷TOWN」，包含10多個店家的獨立造景區域，宛如購物中心的小鎮般，讓人眼睛一亮。不論想買夏威夷傳統服飾、飾品，或是帶有夏威夷海洋風情的服裝，品嚐夏威夷美味及欣賞演出等，這裡通通給你滿滿阿囉哈熱情。

[時間] 商店10:30~21:00，
餐廳11:00~23:00

[網址] www.yim.co.jp/

商場旁的十字路口，
往市區方向直走可抵達港未來線。

步行
6分

19:00

馬車道駅
みなとみらい線

Goal !

走訪橫濱元町·山手的老式優雅風情

元町　外國人居留地　眺望港灣風景

洋館散策　中華街　美食

元町是早期領導橫濱潮流的流行發信地，大部分聞名日本甚至海外的橫濱廠牌皆發源於此；山手地區過去為外國人居留地，至今仍有許多古老的西洋建築；加上本區的中華街，構築出一幅港區特有文化融合風貌。

晝
09:00 元町·中華街駅
09:15 港の見える丘公園
　　　　橫濱市英國館

午
12:00 山手十番館／午餐
　　　　Berrick Hall
　　　　山手西洋館散策

晚
17:30 中華街
　　　　橫濱大世界
　　　　橫濱中華街
20:00 元町·中華街駅

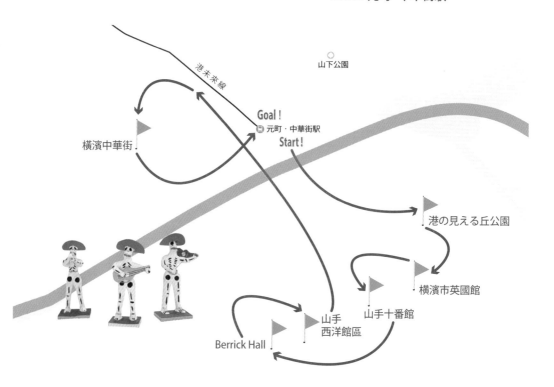

山下公園

港未來線

Goal！
元町·中華街駅
Start！

橫濱中華街

港の見える丘公園

橫濱市英國館

山手十番館

山手西洋館區

Berrick Hall

優雅洋風VS.繽紛中華風格
融合的異國風港區

Point!

位居山丘陵地上的山手一帶，在開港時代是外國人居留區，留下許多美麗洋館，本日走路為主，所以穿雙好走的鞋吧！

Start!

元町・中華街駅
みなとみらい線

步行 5分

出車站過十字路口，
前方地勢稍高的丘陵區域就是公園。

港の見える丘公園

停留時間 **1**小時

1926年由英國軍隊規劃的「港の見える丘公園」，由於地勢稍高，成了吸引情侶們賞景談心及許多人攜家帶眷來此郊遊的好去處，有展望台可以眺望港區未來、橫濱港灣大橋，宛如森林般的公園內還有英式庭園、各式洋館等。

時間 自由入園

從展望台穿過美麗的英式玫瑰庭園即達，玫瑰盛放時節最吸引人。

步行 3分

玫瑰庭園一旁還有另一個大佛次郎記念館&茶館，也可順訪。

橫濱市英國館

停留時間 **1**小時

1937年建造、是橫濱市指定文化財，與其他洋館相較最特別之處在擁有廣闊的玫瑰庭園。部分建築內空間復元成當時樣貌供參觀，可見到當時生活起居風格。

時間 9:30~17:00(7、8月~18:00) 休日 第4個週三(遇假日順延)、年末年始 價格 免費 網址 www.hama-midorinokyokai.or.jp/yamate-seiyoukan

一旁另有一棟111番館，可參觀外也附設咖啡館。

洋溢異國風情的元町雖然多坡道，但走起來相當舒適。

步行 3分

順著山手本通街道、
往外國人墓地方向走即可。

12:00

山手十番館

以舊洋館改造，是橫濱相當知名的法國餐廳，建築物充滿著浪漫氣氛。1樓為咖啡廳，3樓則是選用各種橫濱在地食材，如日本和牛肉或新鮮明蝦，烹調出美味的法國料理，用餐時還襯著充滿懷舊優雅的音樂。

停留時間 **1.5**小時

時間 10:00~22:00(3F午餐 11:00~15:00、晚餐17:00~22:00) (L.O.閉店前1H) 價格 1F咖哩 ¥1,100起 網址 www.yokohama-jyubankan.co.jp/

沿著餐廳前的山手本通街道繼續走。

步行 4分

Berrick Hall

停留時間 **40**分

13:30

昔英國商人Berrick的宅邸，也是山手西洋館群中現存最大的一幢房屋。設計者是美國設計師摩根(J.H. Morgan)，以西班牙式建築為基調，從1樓的大片落地窗便可見其建築主要風格。另外再配合上多彩的元素，呈現當時的建築美學。

時間 9:30~17:00 休日 第2個週三(遇假日順延)、年末年始 價格 免費 網址 www.hama-midorinokyokai.or.jp/yamate-seiyoukan/

幸運草形狀的窗戶十分可愛。

Berrick Hall所在的元町公園周邊，有許多優雅的洋館。

步行 4分

14:20

山手西洋館散策

停留時間 **2**小時

山手一帶聚集數十棟以上的洋館，包括山手111番館、イギリス館、山手234番館、エリスマン邸、ベーリック ホール、外交官的家、ブラフ18番館等7棟建築，有些開放參觀、有些變身資料館或咖啡廳，花個2~3小時都嫌不夠。

走路也可以,但走了一天還是搭巴士吧,
中華街入口站下車即達朝陽門!

¥220

巴士
6分

中華街
入口站
神奈川中央交通

下車步行2分
就會看到這一大棟中國風建築。

步行
2分

17:30

橫濱大世界

停留時間
1小時

以1920~30年代的夜上海風
情為主軸,雕樑畫棟、樓台亭
榭之間還有京劇和二胡的演出,除了廣達6層
樓的錯視藝術可供欣賞拍照外,1樓集結各式中
國點心屋台店家及餐廳,也有巧克力博物館、伴
手禮,是節目熱門美食採訪常客。

(時間) 9:30~21:00(各樓層及專區營時稍有不同)
(價格) 免費入館。錯視藝術 博物館(需購票)
(網址) www.daska.jp

18:30

橫濱中華街

停留時間
1.5小時

有著華麗牌坊的橫濱中華
街,聚集數百家來自江浙、北
京、四川、上海、廣東與台灣等地的料理餐廳,
以及中國風濃厚的雜貨店,姑且不論偏近日本人
的中國菜口味如何,不妨來此感受一下深受日本
人喜愛的中華風。

(時間) 依各店舖而異 (休日) 依各店舖而異
(網址) www.chinatown.or.jp

步行
3~6分

元町・中
華街駅
みなとみらい線

20:00

也有不少專賣各種東南
亞雜貨的特色店舖。

Goal！

從湘南海岸串聯江之島,
海岸風光1日

復古電車　　江之電　　灌籃高手平交道
江之島　　湘南海岸　　鎌倉大佛

離開鎌倉這個古都不到10分鐘,就是知名的湘南海岸,每年暑假都是東京人享受乘風追波的衝浪勝地之外,更是灌籃高手知名場景,也因鎌倉到江之島路段又有復古電車～～江之電奔馳,一年四季都吸引觀光客前來。

早　08:30 鎌倉駅→長谷駅
　　長谷寺
　　高德院

午
　　大仏通り商店街／午餐
　　13:30 長谷駅→鎌倉高校前駅
　　灌籃高手-經典平交道場景
　　14:10 江ノ島駅
　　14:30 江島神社

晚
　　沙牟艾爾・廓京苑
　　弁財天仲見世通り商店街
　　19:00 江ノ島駅

搭上復古江之電，沿途下車之旅

Point!

搭上江之電從長谷駅開始到江ノ島站沿線，會沿著濱海前行，其中一段便是知名的湘南海岸，買張江之電一日券（¥800），能享受每站下車，搭個4次就回本。

Start !

鎌倉駅 江之電　長谷駅 江之電

電車 5分

月台邊就是大仏通り商店街，第2個路口左轉就是長谷寺。

| 長谷

長谷寺

停留時間 **1**小時

長谷寺供奉著日本最大的木造觀音像，綠意昂然的庭園非常優雅，尤其腹地廣闊的寺院範圍還包含後山的散策路線，四季植滿各式花草，還有可眺望相模灣的觀景台，讓參拜者無論何時來，都有美景可賞。

時間 8：00~17:00、4~6月8:00~17:30　**價格** 大人¥400、小學生以下¥200　**網址** www.hasedera.jp/

寺院內有三組可愛的良緣地藏，據說找到拍下來就能獲得良緣。

走回到商店街上繼續前行，就會看到鎌倉大佛囉。

步行 8分

| 長谷

高德院

停留時間 **1**小時

依照阿彌陀如來佛塑像而成，與奈良大佛並列為日本兩大佛，佛身高度11.312公尺、重量121噸，是鎌倉的精神象徵。參觀者也可以進入大佛內部，細細欣賞700年以上的歷史軌跡。

時間 8:00~17:30、10~3月8:00~17:00；大佛內拜觀8:00~16:30　**價格** 成人¥300、小學生¥150，大佛內部參觀加收¥50　**網址** www.kotoku-in.jp

沒有看過大佛，就別說你來過鎌倉！

回參道前商店街，
邊逛往長谷駅方向走。

步行 1分

長谷

大仏通り商店街

11:30

停留時間 1.5小時

這條約500公尺的商店街，串聯長谷駅到高德院，有許多餐廳、個性小店、和菓子老舖可以買伴手禮，充滿古樸風情，逛起來也不會像鎌倉站前那樣擁擠。午餐就在這裡找家喜愛的店享用吧。

時間 9:00~18:00(各店營時不一)　網址 daibutsu.hase-shotenkai.com/

230年的和菓子老舖「惠比壽屋」，推出大佛及觀音煎餅，好吃又吸睛。

鎌倉高校前駅 江之電

電車 13分

步行 1分

七里ヶ浜

灌籃高手-經典平交道場景

13:30

停留時間 15分

走出江之電車站順著右邊斜坡往下走，就會看見那條與大海平行的黃色平交道，耳邊已然響起《灌籃高手》的熱血片頭曲，籃球場上的切歡呼聲，波光粼粼的湛藍大海，海鷗逆光飛翔，平交道前黃綠相間的電車緩緩駛過，晴子露出燦爛笑容和櫻木花道招手。

備註 拍照時請務必遵守禮儀、不妨礙交通，做個好旅人。

江ノ島駅 江之電

電車 5分

步行 15分

江之島

停留時間 50分

江島神社

14:30

江島神社是島上三間神社——邊津宮、中津宮、奧津宮的總稱，也是來江之島必訪景點，宮與宮之間須爬段山路或階梯，也可利用電扶梯。按參拜順序，先抵達本社邊津宮、中津宮，最後才是奧津宮，越往裡面氣氛也越幽靜。

時間 自由參拜；奉安殿8:30 ~16:30
價格 免費參拜　網址 enoshimajinja.or.jp

中津宮外面就是島上比較平坦的區域，
這裡聚集一些餐廳賣店。

步行 1分

如果搭電扶梯上到
邊津宮，不妨購買包
含門票的優惠聯票。

江之島

15:30

沙牟艾爾·廓京苑&燈塔

位於江之島最高處，1882年
由英國貿易商所建的和洋折衷
式庭園，當時花園總面積超過1萬平
方公尺，還有東洋最大的半地下化溫室。美麗的
庭園內也有咖啡餐廳及賣店，展望燈塔上可眺望
富士山，入夜後這裡又
是別有風情。

停留時間 1.5小時

時間 9:00~20:00(入場
至19:30)，依季節調整

價格 白天免費；17:00以
後 大 人 ¥ 5 0 0、小 孩
¥250(燈塔票須另購)

網址 e n o s h i m a -
seacandle.com

沿步道階梯指標，
可以慢慢散步回到商店街。

步行 10分

江之島

仲見世通り商店街

17:00

商店街從鳥居到江島神社不
到200公尺，聚集超過50家商
店，熱鬧非凡，商店雖然大多傍晚關門，但餐
廳還會營業，晚上不急著離開的話，不妨找家餐
廳吃吃鎌倉特產、美味的魩仔魚料理。

停留時間 2小時

時間 商店約8:00~18:00、
餐飲約11:00~21:00

步行 10分

用整隻海鮮與麵糊壓出
來的香脆煎餅必吃(廓京
苑外，也有あさひ分店)。

19:00

江ノ島駅
江之電

Goal！

距東京最近的古都鎌倉小旅行

古都漫步　鎌倉　幽靜古寺
參道購物街　小美術館　繡球花寺

主宰日本歷史141年的幕府根據地——鎌倉，充滿古都特有的靜謐，可在此盡情感受日本歷史與文化的洗禮。當然現在的鎌倉不只是一個古都，也有許多藏身靜巷的可愛小店、美食，加上四季景致宜人，成為悠閒小旅行勝地。

早
09:00 北鎌倉駅
明月院
葉祥銘美術館

午
12:30 鎌倉駅
Garden House／午餐
鶴岡八番宮
小町通商店街

晚
豐島屋
19:00 鎌倉駅

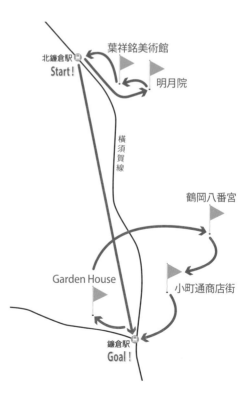

葉祥銘美術館

北鎌倉駅
Start !

明月院

橫須賀線

鶴岡八番宮

Garden House

小町通商店街

鎌倉駅
Goal !

鐮倉‧北鐮倉串聯，
動靜皆宜、一日玩勝！

Point!

北鐮倉氣氛清幽，光觀客沒有鐮倉般車水馬龍。鐮倉則是熱鬧多了，光小町通商店街就店鋪很多，喜歡購物美食，可以鐮倉多分配些時間。

Start！

明月院又有「繡球花寺」美稱，尤其是優雅的藍色花朵最具代表。

北鐮倉駅
JR橫須賀線

下車後沿著鐵道旁街道走，順指標左轉直走即到。

步行 8分

|北鐮倉

明月院

停留時間 **1**小時

原本只是北条時賴修業佛堂其中一間別院，於室町時代建立，如今明月院變身繡球花的賞花名所，參拜的主要石砌道路兩旁與寺院境內栽種超過數千株，盛開花期交織出一幅浪漫的圖畫。

時間 9:00~16:00、6月紫陽花季節8:30~17:00
價格 高中生以上¥500、中小學生¥300

步行 2分

在前往明月院時就會經過，再走回頭路即可。

|北鐮倉

葉祥明美術館

停留時間 **1**小時

獨棟紅磚洋式建築的美術館，擁有開闊的歐風庭園，為這處充滿傳統和風情緒的地區帶來不同的風采。以粉彩夢幻風格畫出各式繪本作品，畫作每一幅都讓人心醉，畫風搭配歐式建築內裝，相得益彰。

時間 10:00~17:00　**價格** 大人¥600、中小學生¥300　**網址**

步行 5分

順著原路走回到北鐮倉駅搭車往鐮倉。

www.yohshomei.com/

¥150

電車
3分

🚃
鎌倉駅
JR橫須賀線

下車後，從西出口徒步3分鐘
去Garden House吃午餐。

鎌倉

12:30

Garden House

由超過50多年歷史的藝術家
工房改建，四周庭院綠意盎
然，以當地食材提供湘南Style的餐點，並營造
出北加州的情調，相當悠閒。店內也販售餐廳使
用的器具與日常雜貨，喜歡都可以買回家。

停留時間
1.5小時

時間 9:00~21:00(L.O.20:00)
價格 午餐約¥3,000
網址 ghghgh.jp/

被綠意包圍的空間中，享
用湘南風格時尚餐點。

往車站東口前的小町通商店街走，
先到底端的寺院後，再慢慢回頭逛。

步行
15分

鎌倉

14:15

鶴岡八幡宮

擁有廣大腹地除了是鎌倉象
徵，也是歷史與政教中心。
1063年開創鎌倉幕府的源賴朝，在權威鼎盛
時，其轄內鶴岡八幡宮的威望遠盛過京都任一神
社。以典型日本神社建築式樣所打造，被列為日
本重要文化財。

停留時間
1小時

時間 5:00~21:00、10~3月6:00~21:00；寶物殿
9:00~16:00 **休日** 寶物殿：換展期間 **價格** 境內
自由參觀；寶物殿大人¥200、小孩¥100 **網址**
www.hachimangu.or.jp

步行
1分

八番宮參道前便是熱鬧的小町通，
各式吃買、伴手禮大聚集，太好逛了！

鎌倉

小町通り商店街

15:10

被喻為美食天堂的鎌倉，又
以「小町通り商店街」人潮最
多，自鎌倉站東口開始至鶴岡八
幡宮前約400公尺，餐廳、甜點屋、
伴手禮店、日式雜貨、咖啡廳等超過
250間以上的店家，不管平日或假日總
是人潮洶湧。

停留時間
3小時

時間 店家營時不一

旅程尾聲別忘在鄰近車站口老舖，
買份經典伴手禮。

步行
10分

鎌倉

鎌倉豐島屋 本店

18:00

從明治27年(1894年)就創立
的老舖，最有人氣的必買商品

停留時間
30分

是從明治時代就有的鴿子餅乾，以鴿子圖案為
特色，沒有任何添加物，僅以奶油製作出香脆濃
郁的口味，印有白鴿的鮮黃色紙袋幾乎是人手一
袋。

時間 9:00~19:00 休日 週三不定休

價格 鳩サブレー(鴿子餅乾)¥615/4片

網址 www.hato.co.jp

步行
1分

鎌倉最具代表性的伴手
禮，沒買到就太遺憾啦！

19:00

鎌倉駅
JR横須賀線

Goal！

享受箱根溫泉老街
療癒慢旅2日

🏷 箱根　溫泉老街　箱根湯本
箱根登山鐵道　泡湯　和菓子

作為度假勝地的箱根，除了各式豐富多元玩法相當精采外，也絕對別忘這裡可是火山地質下的溫泉鄉。旅程以便利的登山電車串聯2大知名箱根溫泉地，就以療癒休閒為主要目標，吃吃喝喝漫遊兩大箱根溫泉街吧。

DAY1

早
10:00 箱根湯本駅
10:30 宮ノ下駅
　　　 NARAYA CAFÉ
　　　 宮之下溫泉街

午
13:50 Café de motonami
　　　 大和屋商店
　　　 渡辺ベーカリー

晚
16:00 宮之下溫泉區飯店

DAY2

早
09:30 宮ノ下駅
10:30 箱根湯本駅
　　　 箱根湯本溫泉街
　　　 蕎麥麵 はつ花 本店

午
13:00 福久や・九頭龍餅
　　　 饅頭屋 菜之花
　　　 箱根の市

晚
16:00 箱根湯本駅

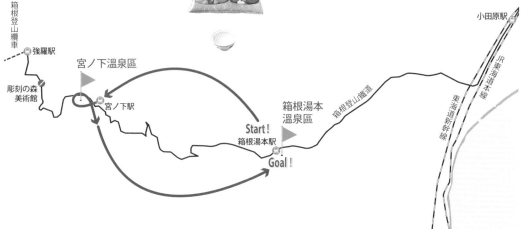

箱根登山纜車

強羅駅

宮ノ下溫泉區

彫刻の森
美術館

宮ノ下駅

箱根湯本
溫泉區

Start！
箱根湯本駅

Goal！

箱根登山鐵道

小田原駅

JR東海道本線

東海道新幹線

兩大溫泉街制霸～熱鬧繽紛箱根湯本 VS. 洋風優雅宮之下

Point! 兩大溫泉街相距25分鐘，箱根登山鐵道下車即達、超便利。

Tips 如果出發地是東京新宿，搭小田急電鐵的特急列車浪漫號1.5H就能抵達箱根湯本駅(¥2,330)。號稱當日來回也沒問題，但這麼遠來一趟，住一晚才是王道阿～

 DAY1

Start！

10:00 🚋 箱根湯本駅
箱根登山鐵道

¥310

電車 **25**分

先把行李放到今日住宿旅館，NARAYA在車站邊，放完行李再回來用餐。

10:30 🚌 宮ノ下駅
箱根登山鐵道

步行 **1**分 下車即達

可愛的葫蘆最中。

宮ノ下

11:10 ## NARAYA CAFE

停留時間 1.5小時

改建自三百年歷史溫泉旅館「奈良屋」的員工宿舍，二層樓的木造空間有咖啡廳以及展覽空間，也提供Pizza、三明治等輕食。近來因一款以葫蘆為造形的最中，在IG爆紅，享用完午餐，絕對要再點一份葫蘆最中，才算解鎖完畢喔！

時間 10:30~18:00，冬季至17:00 **休日** 週三、第4個週四 **網址** naraya-cafe.com/

NARAYA一旁街道就是溫泉商店街了。

步行 **1**分

宮ノ下

宮之下溫泉街

12:40

停留時間 1小時

宮之下溫泉區由於蓋了日本第一家度假型西式飯店「富士屋旅館」，外國遊客特別多，從明治時期就以異國風情著稱。街上也有不少充滿日本情調的古董店、陶器店。

時間 9:00~18:00(依店舖而異)
網址 www.miyanoshita.com

沿溫泉商店街走，就在富士屋飯店前。

步行 5分

宮ノ下

Café de motonami

13:50 由富士屋旅館舊公車亭所改建而成的咖啡店，超過百年歷史，飄散著洋風典雅與懷舊風情，店內的招牌點心為漂亮又可口的各式和風聖代，除了甜點及咖啡之外，也有提供咖哩套餐。

停留時間 1小時

時間 10:00~17:00　休日 週四　價格 和風聖代¥770起　網址 motonami.com/

招牌聖代使用北海道十勝紅豆及沖繩黑糖所製作。

溫泉商店街繼續前行。

步行 1分

宮ノ下

大和屋商店

14:50 這裡有各式各樣的古陶器，以江戶中期至末期的古伊萬里為主，不論是碗盤、茶杯或是花瓶應有盡有，同時也有和紙工藝品以及貨真價實的浮世繪作品等，很適合慢慢挖寶。

停留時間 40分

時間 11:00~16:00

15:30

渡辺ベーカリー

超過百年的麵包烘焙店，招牌商品是各種特別口味的紅豆麵包。梅乾紅豆麵包內餡包入一整顆小田原梅乾，酸酸甜甜的滋味意外地搭配喔。有提供座位區。

停留時間 **30**分

神奈川縣

時間 9：30～17：00(內用至16：00) 休日 週三、第1.3.5個週二 價格 溫泉シチューパン(燉牛肉麵包)￥650 網址 watanabebaker y.jp/

使用溫泉水製作麵糰的燉牛肉麵包，也是人氣商品。

住宿推薦

富士屋飯店

開幕於1878年，當時以500年歷史的旅館藤屋改造，水泥洋房戴上了日本式的社寺屋頂，東西風情在此優雅融合，讓人感受非常不同的洋風高雅旅館意象。

交通 宮ノ下駅徒步7分 時間 Check-in 15：00、Check-out ~11：00 網址 www.fujiyahotel.jp

住宿推薦

箱根吟遊

箱根超人氣溫泉旅館，結合「和」的意象和當紅亞洲風，自然風的木造建築，將身心徹底放空、沉澱。館內也提供南洋風SPA，讓身心得到徹底的舒緩。

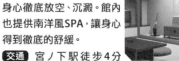

交通 宮ノ下駅徒步4分 時間 Check-in 14：00、Check-out ~11：00 網址 www.hakoneginyu.co.jp

Stay！

Tips

箱根湯本是箱根主要交通轉運地，不論從外地來或是要轉往他地，都有便利的交通網，相當熱鬧。

Start！

DAY2

09:30 🚃 宮ノ下駅
箱根登山鐵道

¥310

下車即達，先把行李寄放在車站，就能開始玩了！

🚃 電車 **25分**

箱根湯本駅
箱根登山鐵道

↘ 箱根湯本

箱根湯本溫泉街

停留時間
1小時

一出箱根湯本駅即可看到道路兩旁的各式商店，全長約400公尺，聚集各式店家，其中包括知名溫泉饅頭店、手燒仙貝店、各式伴手禮店家，可以買到五花八門的禮品，相當熱鬧。

時間 9:00~18:00，店家營時各異

位在商店街底端，過個小橋就看到了，提前一些時間去，免得要排隊。

🚶 步行 **5分**

↘ 箱根湯本

蕎麥麵 はつ花 本店

停留時間
1.5小時

箱根湯本的超人氣店家之一，以野生山芋(自然薯)代替麵粉與水，混合蕎麥粉揉製成蕎麥麵，口感獨特。飄散江戶老氛圍的本店萬一人太多，也可至100公尺外的新館。

時間 10:00~19:00　**休日** 週三　**價格** せいろそば(蒸籠蕎麥麵)¥1,200起　**網址** www.hatsuhana.co.jp

搭配風味濃厚的山藥泥，越嚼越有滋味。

步行 1分 往回走到商店街，過了橋前方路口即是。

13:00

箱根湯本

福久や 九頭龍餅

停留時間 30分

即使剛用完午餐，但甜點是屬於另一個胃，路過、走過可別錯過。店家招牌為「九頭龍餅」，可以買回家當伴手禮外，很多人也會買份蒙布朗霜淇淋，坐在戶外的露天足湯邊享用。

時間 9:00~17:30(假日~18:00) **休日** 不定休
價格 蒙布朗霜淇淋¥1,200。源泉足湯：大人¥200、小孩¥150 **網址** www.nanohana.co.jp/

吃霜淇淋泡足湯，趕快來試試！

商店街繼續前行往車站方向。 **步行 3分**

13:40

箱根湯本

饅頭屋 菜之花

停留時間 1小時

這間源自神奈川小田原地區的和菓子，永遠人聲鼎沸，融入獨特創意創做出「創作菓子」，招牌點心為「月のうさぎ」(月之兔)，皮薄餡多的饅頭中，包入了一整顆糖煮栗子。2樓也有附設茶屋，可坐下來喝杯茶吃點心。

時間 9:00~17:30 **休日** 不定休 **價格** 月のうさぎ(月之兔)¥210(單顆)、竹炭饅頭¥120(單顆) **網址** www.nanohana.co.jp/

店舖就在車站內，周邊也很多店鋪可以繼續買伴手禮。 **步行 3分**

14:50

箱根湯本

箱根の市

停留時間 40分

就位在車站內的店鋪，網羅箱根當地的知名特產，像是溫泉饅頭、寄木細工商品、可愛的鐵道周邊小物、大涌谷黑色蛋、醃漬物、仙貝或是各地銘酒等，而且還有近40款特色便當，買個便當車上吃剛剛好。
時間 9:00~20:00 **網址** www.hakonenavi.jp/ourbrand/hakonenoichi/

箱根湯本駅
箱根登山鐵道

16:00 如果要移動往別區，也不要待到太晚，免得抵達地已夜深，不容易辨識方向。

Goal !

蘆之湖山水美景與史蹟走讀2日

空中纜車　　蘆之湖　　海賊船
湖中大紅鳥居　　林中古道　　箱根史蹟

蘆之湖一直是箱根旅遊中最具指標性的風景
名勝，尤其沒搭過海賊船遊湖、空中纜車，就
太可惜了。遊湖之旅美景動人外，四季風貌
更加浪漫，有神社、美術館，也有許多溫泉旅
館，一日根本玩不完，安排2日剛剛好。

DAY1

早
09:00 早雲山駅
　　　箱根空中纜車
09:45 桃源台港
10:00 箱根海賊船
10:30 元箱根港

午
11:30 権現からめもち
　　　箱根神社

晚
　　　Salom de the ROSAGE
16:00 元箱根周邊溫泉飯店

DAY2

早
10:00 元箱根港
10:30 箱根旧街道(石畳／杉並木)
　　　甘酒茶屋

午
　　　成川美術館
15:30 箱根関所跡巴士站
　　　箱根關所&箱根關所資料館

晚
17:00 箱根関所跡巴士站

箱根登山鐵道
公園下　強羅
早雲山
大湧谷　Start！
箱根　　　彫刻の森
空中纜車
箱根
海賊船
桃源台

小田原
箱根湯本
JR
東海道本線
東海道新幹線

箱根神社
蘆之湖　　元箱根港、成川美術館
　　　　　箱根旧街道
　　　　　(石畳／杉並木)
箱根關所&
箱根關所資料館、
箱根港Goal！

搭船遊賞蘆之湖山光水色
&湖畔走訪名勝古蹟

Point!

蘆之湖周邊景點眾多，利用纜車、遊船、巴士串聯簡單又輕鬆。

Tips

箱根空中纜車、海賊船都想搭？那麼這張「海賊船·空中纜車一日券」(成人¥4,000)就很適合你，但如果2種交通工具都只搭一次、沒有中間下來或重複搭，就不一定划算，也有2日票。

Start！ **·DAY1**

09:00 早雲山駅
箱根空中纜車

箱根空中纜車

箱根空中纜車路線正好位於蘆之湖畔的山坡地上，坐上它，你就可以將蘆之湖周邊的湖光山色盡收眼底，運氣好碰上了晴朗日子，在姥子～大涌谷段甚至還可看見富士山呢。

〔時間〕9:00~16:15(依天候微調)，每1分鐘發車
〔休日〕天候不佳時　〔價格〕單程¥1,500、往返¥2,500
〔網址〕www.hakoneropeway.co.jp

海賊船班次平均40分鐘一班，先查好時間再前往，免得浪費時間等待。

步行 **1**分　桃源台港
箱根海賊船

10:00 ## 箱根海賊船

〔搭乘時間〕**30**分

仿造17世紀歐洲戰艦造型，色彩鮮豔明亮，還有許多華麗的立體裝飾，內部座椅寬敞舒適，冬天待在充滿熱呼呼的暖氣中，可邊欣賞湖面風光，天氣晴朗時更可遠眺壯麗的富士山。

〔時間〕10:00~16:15 (單程約25分)　〔價格〕一等艙¥1,800、二等艙¥1,200　〔網址〕www.hakonenavi.jp/hakone-kankosen/

海賊船造型實在太吸睛了，內外都超好拍！

下船後先把行李寄放好，或直接拿去晚上住宿地也可以。

元箱根港
箱根海賊船 **10:30**

湖畔很美，下船後別急著走，港邊稍事休息、賞景拍拍照後再往下個點。

¥200

箱根神社
箱根登山巴士

巴士
7分

也可以沿著湖畔走路19分前往。

11:30

権現からめもち

位在綠意環繞的箱根神社境內,這裡可以享用烏龍麵外,店名上的「からめもち」(麻糬)即為其招牌,店家從一早新鮮製作的麻糬,有紅豆、黃豆粉、海苔等5種口味。

停留時間
1小時

時間 10:00~17:00　價格
5色もち(5色麻糬)¥800、
俺のうどん(我的烏龍
麵)¥990

步行
1分

12:30

箱根神社

搭船進入元箱根港前,一定會被矗立在湖中斗大的紅色鳥居景象所震撼。鳥居所在的岸邊即是箱根神社,自古以來是箱根地區山岳信仰中心,千年來神社得到當地民眾以及源賴朝、德川家康等信奉。

停留時間
1.5小時

時間 自由參拜。寶物殿9:00~16:30(入館至16:00)
價格 境內免費。寶物殿大人¥500、小學生¥300
網址 hakonejinja.or.jp

矗立蘆之湖上的壯麗朱紅色鳥居,充滿神秘色彩。

歐風優雅的山之飯店就在神社旁，
可沿湖畔散步過去。

步行
6分

14:10 Salom de the ROSAGE

小田急山之飯店別館內臨湖畔的餐廳，1樓為用餐空間，2樓則是賣店，販售紅茶、進口雜貨等商品。這裡最出名的就是色香味俱全的蘋果派，蘋果片堆疊成豔麗玫瑰盛開於派皮上，搭配眼前湖景，簡直最高享受。

停留時間
2小時分

時間 11:00~16:00　價格 蘋果派¥1,800
網址 www.hakone-hoteldeyama.jp/restaurant/rosage/

賞湖景外，也可順便逛逛飯店廣闊的美麗戶外花園。

住宿推薦
小田急 山之飯店

曾為男爵的別莊，因此餐點與服務都更加精緻，有溫泉浴之外，也提供SPA；飯店供應的紅茶果醬、香腸培根，也都是自家製，讓住客獨享更添尊貴感。

交通 元箱根海賊船乘船處前有飯店巴士接送　時間 Check-in 15:00、Check-out ~12:00　網址 www.hakone-hoteldeyama.jp

住宿推薦
龍宮殿

保留著日本傳統木造建築的日式溫泉旅館，非常符合一般對日本泡湯情趣的想像與憧憬，隨季節而變換菜色的懷石料理，更是日本料理的經典呈現。

交通 搭乘王子飯店於蘆之湖周邊免費循環巴士　時間 Check-in 14:00、Check-out ~11:00　網址 www.princehotels.co.jp/ryuguden

Stay !

 **Start !** **DAY2**

元箱根港
箱根海賊船

10:00

海賊船港口正前方就是舊東海道，
順著指標走即可。

10:30

箱根旧街道(石畳／杉並木)

今日就以走讀江戶年代的箱根為主題。從蘆之湖畔到畑宿之間還存留著當時的石坂路，而路程中所看到的420棵大杉木，相傳自日本江戶時代的初期就已種植，至今已將近400年歷史，是日本國家指定史蹟。

步道時間
50分

時間 從元箱根港為起點至甘酒茶屋為止，約2公里

箱根舊街道可以一直連結到箱根湯本，
今日只要走到茶屋即可。

步行

茶屋中的小憩時刻，
讓人彷彿回到過往，
感受歲月的靜美。

11:20

甘酒茶屋

一旁就是舊街道資料館的這家老舖茶屋，從江戶時代經營至今，店面依然維持著昔時茅草建築，再加上路旁飄揚的紅旗，成了箱根懷舊風景。來到這兒的客人，一定會點杯日本式甜酒釀，再配上力餅(麻糬)一同入口。

停留時間
1.5小時

時間 7:00~17:30　價格 甘酒(甜酒釀)¥500，力餅(麻糬) ¥600　網址 www.amasake-chaya.jp

往回慢慢散步，走回到元箱根港。

步行
40分

就在元箱根港斜對面。

步行 **2**分

13:30

成川美術館

停留時間 **1.5**小時

主要展示現代日本畫作，四千件收藏中包含仕女、風景、靜物等主題，筆觸精緻細膩、用色淡雅柔和，每一幅皆具有高度藝術價值。如果覺得累了，這裡也有咖啡館可歇腿。

時間 9:00~17:00 **價格** 成人¥1,500、高中大學生¥1,000、中小學生¥500 **網址** www.narukawamuseum.co.jp

¥200

巴士 **9**分

箱根関所跡巴士站
箱根登山巴士

位在箱根港邊，想散步的話，可沿湖畔走路約17分。

15:30

箱根關所&箱根關所資料館

停留時間 **1.5**小時

江戶幕府當初為了固守現今的東京地區之勢力範圍，而在全國各個重要據點設置關所。箱根關所於元和5年(1619年)設置，明治2年(1869年)廢止，曾經坐鎮250年之久，並且於2007年復原重現世人眼前。

時間 9:00~17:00(12~2月至16:30)，入館至閉館前30分 **價格** 大人¥500、小學生¥250(與箱根關所資料館共通使用) **網址** www.hakonesekisyo.jp

步行 **5**分

箱根関所跡巴士站
箱根登山巴士

17:00

藉由古文物一覽日本江戶的關口機制。

Goal !

山梨縣排行程入門指南

群馬縣 栃木縣
埼玉縣 茨城縣
山梨縣 千葉縣
東京都 神奈川縣

與東京相鄰的山梨縣屬內陸地域，以富士山、富士五湖—本栖湖、精進湖、西湖、河口湖、山中湖最為知名，因湖面平靜，各種逆富士在五湖中競美，其中以河口湖名氣最響亮，成為觀光客造訪此區域的首選。

Q 我到山梨縣觀光要留幾天才夠？

Q 天氣跟台灣差很多嗎？

Q 什麼季節去最美？

A 山梨縣景點，最重要的可說是以富士山為中心所串連出的富士五湖區域，光是以這裡為主軸，安排個4天3夜都不嫌多，當然如果還想爬富士山，那就得再多安排個2天。其實從東京前來相當便利，從機場也都有直達巴士，不論巴士或鐵道，大約2小時就能到，相當方便。

A 就以旅客較常拜訪的富士五湖來說，因為位在山區，即使最熱的夏季也大都落在25度左右，相當舒適，但冬季一到，容易降雪的這裡就會比較冷，大約在5度上下，有時也會低溫至零度以下，雖然景區的營運時段大都維持全年，但時間上會稍微縮減，遇到天候不佳也可能臨時停運。

A 在這個隨便抬起頭都能看到富士山的富士五湖區域，不誇張，四季都完全是明信片等級的不同美感。春櫻配上富士山，粉嫩又清新；夏季的花火與富士山，加上湖面上各式精采水上活動，超級美麗背板等級，隨便拍都美；秋天楓紅染上整個區域，太浪漫；冬天富士山悄悄白頭，完全是浮世繪再現。

有了基本認識後，現在，就來打造最適合自己的旅遊行程吧！

從機場、東京要搭什麼車進入山梨縣的富士五湖

成田空港→山梨縣

高速巴士
◎京城巴士

路線名	目的地	時間	價格
京成巴士	富士急樂園、河口湖駅、富士山駅等站	每天發車1班次，10:25發車。車程約4小時	¥5,000

羽田空港→山梨縣

高速巴士
◎京濱急行巴士

路線名	目的地	時間	價格
京濱急行巴士、富士急高速巴士	河口湖駅、富士山駅(行經富士急樂園)	僅週末、假日發車1班次，14:40發車。車程約2小時40分	¥2,520

TIPS! 長途移動不論用鐵道或是高速巴士，大都需要事先訂位。現在很多交通票券也都提供網路電子票券，在台灣就能先預訂，對事前規畫準備也方便許多。

東京→山梨縣

鐵道
◎JR東日本

路線名	目的地	交通方式	時間	價格
JR鐵道	河口湖	從新宿駅搭乘「富士回遊號」,在河口湖駅下車。或搭中央線快速線,至大月駅轉乘富士急行(普通)即達。	約1小時56分、2小時40分	¥4,130~¥2,503

高速巴士
◎富士急行巴士

路線名	目的地	交通方式	時間	價格
JR巴士、富士急巴士	河口湖駅、富士山駅(行經富士急樂園)	在東京駅八重洲南口BT、新宿西口BT巴士可直達。	約2小時	¥2,200~¥2,060
富士急巴士、京王巴士	河口湖駅、富士山駅(行經富士急樂園) 河口湖	於渋谷駅マークシティ搭乘開往「河口湖駅」可直達。	約2小時45分	¥2,100

懶人看這裡就對了! ∙∙∙∙∙∙∙∙∙∙∙∙∙∙∙∙

	高速巴士	一般鐵路	直達列車	計程車
行李又多又重	○	△	△	○
只要便宜就好	△	○	△	×
只要輕鬆就好	△	×	△	○
沒時間,要快點	△	×	○	△

○=適合 △=還可以 ×=不適合

山梨縣

山梨縣的東西南北馬上看懂

富士見駅

長野縣

北杜市　　　山梨縣

Asayo峰

韮崎市　　甲斐市　　山梨市　山梨市駅　甲州市

塩見岳　　　　　　　　中央本線　　　　　　勝沼駅

甲府市　甲府駅　　　勝沼

南阿爾卑斯市　　　笛吹市

河口湖　①

西湖

鳴澤村　河口湖駅　富

身延線　　　　　富士吉　②

身延町　　本栖湖

早川町

身延山　身延線

大無間山　　　南部町　　　　　　　　富士山

富士宮市　　　愛鷹山

富士宮駅　　　　　　　　　　　　靜岡縣

我要住哪一區最方便？

選擇交通便利，或是景點最集中的地方住宿準沒錯！

❶河口湖周邊：
河口湖是前往富士五湖度假之旅時，最常被當作抵達第一站的首選，聯外交通便利外，周邊景點也最多，加上景點以周遊巴士串聯很方便，有很多景區、美術館、博物館、店鋪、美食等，可以一一拜訪。

❷富士吉田市：
富士吉田因有許多條登山路徑，成為出發攀登富士山的必經之路。在過去因火山地質過於貧瘠不適於耕種，如今拜富士山之賜，登山朝聖人潮相當多，更有一座富士急樂園、大型飯店等，也是國內外觀光客必訪區域。

❸山中湖周邊：
富士五湖中面積最大的山中湖。由於地形關係，山中湖的周邊道路高於湖面，沿湖區大多是山林，因此特別適合眺望與健行。距離富士山駅也僅需30分鐘車程，這裡有露天溫泉、花田公園、溫馨民宿、各式主題的小型美術館與文學之家，充滿魅力。

要搭車前
先搞懂這2張交通路線圖！

河口湖周遊巴士月台

K-Line甲府線月台
P-Line芦川/大石線月台
S-Line本栖湖/下部/新富士線月台
G2-Line西湖民宿線月台

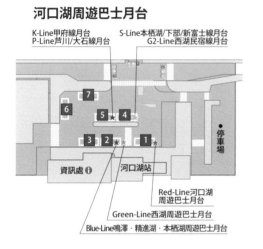

資訊處 ⓘ　河口湖站

Red-Line河口湖
周遊巴士月台

Green-Line西湖周遊巴士月台

Blue-Line鳴澤・精進湖・本栖湖周遊巴士月台

停車場

岡田紅陽寫真美術館
小池邦夫繪手紙美術館
駅の道
富士吉田
天祥庵
四季の杜
忍野公園
忍野八海
湧水の里水族館
さかな公園
出口池
富士山
博物館
富士山雷達館
民宿柳原
山中湖國際ラケットクラ
花茶
山中湖
AUTO-CAMPING
ファミリーロッジ
旅籠屋・山中湖店
紅富士の湯
山中棧橋
(白鳥の湖乗船處)
富士
多賀
往富士吉田
IC
富士パノラマライン
東富士五湖道路

忍野八海

忍草浅間神社
菖蒲池
鏡池
かやぶき茶屋
湧池
往さかな公園
濁池
かまのはた
銚子池
榛の木森資料館
お金池
底拔池
忍野郷土館
往出口池

河口湖周遊巴士圖

圖例
- Ⓡ 河口湖周遊巴士(Red-Line)
- Ⓖ 西湖周遊巴士(Green-Line)
- Ⓑ 鳴澤・精進湖・本栖湖周遊巴士(Blue-Line)
- G2 西湖民宿線(G2-Line)
- 本栖湖/下部/新富士線(S-Line)
- 巴士站
- 觀光設施・名勝景點
- ☆ 轉線換車處
- 富士山眺望處

精進湖畔飯店
往甲府方向
▲五湖山(1339m)
▲王岳(1623m)
往鍵掛峠
往鬼嶽
十二岳(1683m)▲
毛無山(1500m)▲
觀岳園
露營地
泉之湯(温泉)
十二岳
登山口
毛無山
登山口
足和田
出張所
奧湖
長濱
三福
湖西西
湖西東
「抱子富士」眺望處
(Fujimi莊)
山田屋旅館
Panorama台
(全景眺望台)
精進
精進湖觀光案內所
西湖療癒之里根場
根場民宿
樹海莊
西湖畔
露營區
湖畔
露營區
濱之家露營區
西海露營區
富士露營區
松屋
足和田山
(五湖台)
(1355m)
赤池
精進湖
露營區
富士山原生林
精進湖民宿村
精進湖入口
鳥帽子嶽(1257m)
青木原
信玄築石
本栖湖觀光案內所
石疊
本栖湖觀光案內所
本栖湖Rest House本栖湖
本栖湖露營區
山神社
本栖湖遊覽船「Moguran」
往新富士方向
西湖野鳥
之森公園
根場
根場入口
野鳥
水飲場
樹海遊步道
青木原樹海
龍宮洞穴入口
龍宮洞穴
富岳風穴
風穴商店
富岳風穴
鳴澤冰穴
西湖休閒小屋
西湖畔
露營區
西湖
蝙蝠穴
西湖民宿
西湖
民宿村
PICA富士西湖
三湖台下
紅葉台露營區
三湖台(1202m)
紅葉台
(1165m)
東道道自然遊步道
鳴澤冰穴~富岳風穴間約650公尺
徒步9分
紅葉台入口
道之驛鳴澤
道之驛鳴澤
富士眺望
之湯YURARI
往富士嶽
往富士天渡假村
一本木
浩庵荘(日幣千圓紙鈔富士山拍照處,離98本樹觀光案內所約4公里)
往浩庵莊、下部溫泉方向

大
大石
民宿村

山中湖(富士湖號)周遊巴士圖

富店
ⓣ八海とうふ

▲日向峰
▲石割山
⛩石割神社

東海自然步道

都公園
ラルドームふらら

東海自然步道大平山山段

♨石割の湯

ホテルマウント富士

石割山路段

岩下哲士アトリエ館
長池親水公園　　　　　山中湖平野
ままの森見晴台　　富士藻棲息地
秀山莊　　　　　天神社　　(縣指定天然紀念物)
　　　　　　　　　　　　　富士重莊　Ⓒ Cassero
の宿　　山 中 湖　　　　　水明莊
湖山莊露營地
白鳥の湖　泰迪熊世界　山中湖高原
　　　　　美術館　　體驗工房アントヴ
旭日丘棧橋　　湖山莊　　展望台
(白鳥の湖乘船處)
山中湖文學之森公園　山中湖美術館　山中湖寫真ギャラリー
PICA山中湖村　旭日丘BT
山中湖文學之森　三島由紀夫文學館　聖誕之森 聖誕老公公博物館
　　　　　　徳富蘇峰館

©富士五湖汽船

園(薰衣草祭會場)
若彦道　新道峠
(往笛吹市)　Sanide前・
　　　　　長崎公園入口
河口湖自然生活館
　　　　長崎公園
河口湖木之花美術館
河口湖　河口湖小形劇場
　　　　河口湖音樂之森
紅葉隧道
　　　鸕鶿之島　若草之
　　　富士御室　宿丸榮
　　　淺間神社
島之松
　　道之驛勝山
　　　　　乳崎
　　　　富士河口湖
　　　　中央公民館
　　　　河口湖鄉公所
　　　　寶石之森　紅富士酒窖
　　　　　　　　河口湖購物中心BELL
東戀路西　　　河口湖購物中心BELL
東戀路
　　　　山梨紅十字醫院
河口湖足和田露營區Stellar劇場
　　　　河口湖Field Center

河口湖猿子劇場木之花美術館
久保田一竹美術館
紅葉迴廊(紅葉祭會場)
往三峠坂峠方向
137
河口湖淺間神社
河口湖耍猴劇場
河口湖音樂盒
之森美術館
河口湖美術館
湖山亭產業館
八角堂 產屋崎
風之露營台KUKUNA前
淺川溫泉街
八木崎公園(薰衣草祭會場)
大池公園(湖上女神)
河口湖Muse館
富士之宿大橋　☆河口湖香草館
　　　　山梨寶石博物館・河口湖
　　　　　遊覽船纜車入口
　　　　　遊覽船搭乘處
船津　　天上山紫陽花公園
溫泉街
政廳入口
富士山河口湖
觀光綜合案內所
往大月JCT
河口湖站
富士急樂園站
往大月站
中央自動車道
富士急樂園
富士山世界遺產中心
ⓘ山梨縣立富士山世界遺產中心
富士山站
往山中湖
東富士五湖道路
▲富士山

FARMERS BLEND

富士山交通攻略

一般登山都是從五合目開始。平常車子都能開到五合目，但7～8月登山季人潮混雜時，會限制車輛進入。這時若自駕需要至指定地點換搭巴士。若是從東京都內來到富士山地區，則可在各大車站轉乘巴士。決定登山路線後，也要了解如何銜接交通，以利後續行程的安排。

目的地	出發地	交通方式	時間	票價
富士宮口登山道 (富士宮口五合目)	新富士駅 富士宮駅	富士急靜岡巴士	約2小時15分	單程￥2,420 單程￥2,060
	三島駅	富士急行巴士	約2小時	單程￥2,840
吉田口登山道 (富士山五合目)	富士山駅 河口湖駅	富士急行巴士	約1小時	單程￥1,780
	新宿駅	富士急高速巴士 京王高速巴士	約2小時30分	單程￥3,800
須走口登山道 (須走口五合目)	新松田駅	富士急湘南巴士	約1小時30分	單程￥2,100 來回￥3,700
	御殿場駅	富士急行巴士	約1小時	單程￥1,570 來回￥2,400
御殿場口登山道 (御殿場新五合目)	御殿場駅	富士急行巴士	約40分鐘	單程￥1,130 來回￥1,900

富士急靜岡巴士

富士急巴士

有什麼優惠車票適合我？

	JR東京廣域周遊券 JR Tokyo Wide PASS	河口湖、西湖、本栖湖周遊巴士共通券	富士吉田・忍野八海・山中湖周遊巴士(富士湖號)	富士山・富士五湖通票 富士山・富士五湖パスポート
使用區間	JR東日本線(區域間) JR東日本新幹線(區域間) 東京單軌電車 伊豆急行線全線 富士急行線全線 上信電鐵全線 埼玉新都市交通 (大宮～鐵道博物館) 東京臨海高速鐵道線全線 JR東日本與東武鐵道線互通軌道特急 東武鐵道線(下今市～東武日光、鬼怒川溫泉的普通線)	由富士急巴士所發行的巴士券通票，以紅、綠、藍三種車身來區分行駛不同路線區域，有效期限內都可不限次數搭乘 【紅線】河口湖周遊巴士路線 【綠線】西湖周遊巴士路線 【藍線】鳴沢・精進湖・本栖湖周遊巴士路線 【一般巴士路線】在同一路線內的一般巴士路線也都可以搭	由富士急巴士所發行的巴士券通票，有效期限內都可不限次數搭乘悠遊於河口湖駅～富士吉田・忍野八海・山中湖的【富士湖號(ふじっ湖號)】(綠色線)，且在同一路線內的【一般巴士路線】也都可以搭。	這張票券等於是「河口湖、西湖、本栖湖周遊巴士共通券 + 「富士湖號 通票+富士急鐵道(指定區段)的結合體。 有效期內可自由搭乘路線範圍： 【河口湖周遊巴士(紅線)】 【西湖周遊巴士(綠線)】 【鳴沢・精進湖・本栖湖周遊巴士(藍線)】 【富士吉田・忍野・山中湖周遊巴士(富士湖號)】 【一般路線巴士(富士五湖區域)】 【富士急行線(鐵道)】(河口湖駅～下吉田駅)
價格	成人¥15,000、 兒童¥7,500	成人¥1,700、 兒童¥850	成人¥1,700、 兒童¥850	成人¥3,300、 兒童¥1,660
有效時間	連續3天	2日	2日	2日
使用需知	・除了「埼玉新都市交通」外，在其他路線可走一般閘口。 ・欲搭乘指定席需劃位(不限次數) ・富士急行線「富士山特急」、「富士山View特急」1號車廂，與「富士登山列車」，均需另外付費。 ・「疾風」號、「鬼怒川」號、「日光」號等全車指定席列車，需劃位。 ・不能乘坐東海道新幹線及JR巴士。	・有手機電子票，也有紙本券發售。 ・周遊巴士以紅、綠、藍三種車身來區分行駛不同路線區域。 ・紅線主要環繞河口湖邊觀光景點，9:00~17:45，每15分一班次。 ・藍、綠路線車要繞行西湖、鳴沢・精進湖・本栖湖區域，9:00~16:00左右，每1-2小時才一班，務必注意。 ・本券不包含山中湖區域。	・富士湖號(ふじっ湖号)串連河口湖駅，經富士急樂園、富士山駅、忍野八海後繞行山中湖一圈。 ・6:50~17:15，每1小時一班次，也有部分班次在某些點不停，務必下載班次表參照。周邊觀光景點，9:00~17:45，每15分一班次。 ・持車票可享區域內部分設施等優惠折扣。	・紙本通票券，使用時須出示給乘務員檢查。 ・搭乘限定區域內的鐵道時，搭乘「富士登山電車」、「富士山特急」須加購整理券或特急費。 ・不能搭乘富士登山巴士(富士山駅・河口湖駅～富士有料道路五合目)、馬返巴士、高速巴士、富士吉田市內接駁巴士。
售票處	1-事先於JR東日本網站購買，抵日後取票。 2-抵日後於售票窗口持護照購買。 3-自行於有護照讀取功能指定席售票機購票&取票。 4-機場及各大JR車站外，更多日本當地購票&取票地點詳見網站。	1-手機App購買電子票。 2-河口湖駅巴士售票窗口。 3-周遊巴士車內。	1-ふじっ湖號車內購買。 2-河口湖駅、富士山駅、山中湖旭丘巴士總站的巴士售票窗口。	以下各處富士急巴士售票窗口 1-河口湖駅。 2-富士山駅。 3-山中湖旭丘巴士總站。
官網				
購買身分	非日本籍旅客，購買需出示護照。	無限制	無限制	無限制

有瑞士琉森美稱～
河口湖周邊度假2日

河口湖　特色列車
溫泉　富士山全景
纜車　小美術館
周遊巴士

被譽為日本的瑞士琉森的河口湖，區域說大不大，說小不小，景點大多繞著湖濱發展，不論美術館、纜車、遊湖船、美食，是個充滿湖濱度假氣氛的溫泉地。

DAY1

早
09:30 河口湖駅
10:20 河口湖～富士山全景纜車
　　　　河口湖遊覽船 天晴

午
　　　　Fujiyama Cookie
13:00 餺飩不動 本店／午餐

晚
　　　　河口湖音樂盒之森美術館
16:30 河口湖周邊溫泉飯店

DAY2

早
10:00 河口湖駅
10:30 河口湖Muse館・与勇輝館／午餐
　　　　河口湖香草館

午
14:30 井出釀造店
　　　　河口湖駅(周邊商店)

晚
17:00 河口湖駅

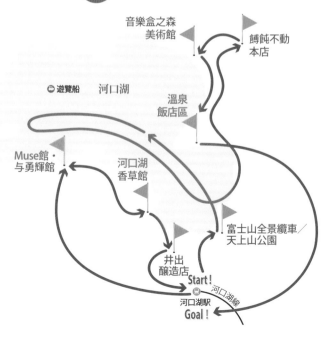

音樂盒之森
美術館

餺飩不動
本店

🚢 遊覽船　河口湖

溫泉
飯店區

Muse館・
与勇輝館

河口湖
香草館

富士山全景纜車／
天上山公園

井出
釀造店

Start！
河口湖線
河口湖駅
Goal！

富士山全景陪伴，
溫泉勝地河口湖環湖輕旅

Point! 河口湖是富士湖區最熱鬧的地方，各式交通工具相當便利，完全不用擔心行的問題。

Start! **DAY1**

09:30 🚌 河口湖駅 富士急行線

抵達後先在這裡把行李寄放好，稍事休息後，買張巴士周遊2日券出發吧！

巴士 **15**分 遊覽船・ロープウェイ入口 周遊巴士-紅線

©富士湖汽船

山梨縣

停留時間 **1**小時

河口湖～富士山全景纜車

10:20

先搭纜車登上高達1,075公尺的天上山展望台吧，碧綠的河口湖全貌、壯闊的富士山全景、火柴盒般的富士吉田市街，都在眼前，是一次綜覽這個迷人山湖度假勝地最快速完整的第一站。

步行 **3**分

纜車站入口斜對面，便是搭乘遊船的碼頭。

從湖上才能看到的不同湖灣季節風景。

©富士湖汽船

時間 平日9:30~16:00(下山~16:20)、週末例假日~17:00(下山~17:20) **價格** 大人來回¥900、單程¥500(小學以下半價) **網址** www.mtfujiropeway.jp

Tips 本區有發售周遊巴士共通券，巡遊在湖畔各大景點中，本次行程就以周遊巴士來展開吧。以紅、綠、藍三種車身來區分行駛不同路線區域，一券在手都可以搭。河口湖為紅線，班次密集，其他湖區路線則1小時1班次，搭乘時要注意。除紅藍綠三線，區域內一般路線巴士也可搭。 **地點** 河口湖駅巴士窗口、車內皆可買 **時間** 9:00~17:30間，河口湖區-紅線，約每15分一班車 **價格** 周遊巴士2日共通券¥1,700、小孩半價。單程¥180 **網址** bus.fujikyu.co.jp/rosen/shuyu

河口湖遊覽船 天晴(あっぱれ)

11:30

遊湖時間 **30**分

剛剛從高處賞河口湖，接著到湖面就近賞不同風景吧。充滿戰國時代氣氛的和風遊船相當吸睛，船公司也提供服裝道具供拍照用，非常逗趣。可從湖面一覽富士山壯闊美景，更是拍攝美麗水中逆富士最方便的取景處。 **時間** 9:00~16:30(冬夏營時稍不同)，每30分1班；繞湖一周約20分鐘 **休日** 全年無休，天氣惡劣時可能停運 **價格** 大人¥1,000、小學生¥500 **網址** www.fujigokokisen.jp

步行 **3**分

往回走到纜車站口，買可愛的富士山餅乾，再搭車往下一站吧。

Fujiyama Cookie 本店

12:10

停留時間
20分

可愛富士山造型餅乾大受歡迎,是河口湖名店之一。選用國產麵粉與富士山的蜂蜜手工烘烤,讓餅乾保有食材原有的甜味與香氣,可愛的外型與絕佳的風味都深受好評。

時間 10:00~17:00(依季節而異) **價格** 富士山餅乾單片¥140起 **網址** www.fujiyamacookie.jp

可愛的富士山造型,
當伴手禮最適合。

音楽と森の美術館/
ほとりのホテルBan
周遊巴士-紅線

巴士
8分

步行
8分

下車後,沿音樂盒博物館斜前方路口的道路直走即可。

13:00 ## 餺飥不動 本店

停留時間
1小時

在河口湖有多家店,招牌就是富士五湖名物——餺飥(ほうとう,Houtou) 餺飥類似烏龍麵為手打麵的一種,自家製的麵條加入味噌調味,還有各式蔬菜,營養滿分,麵條咬來香Q有嚼勁,是當地常見的鄉土料理。

時間 11:00~18:00
價格 不動ほうとう(招牌餺飥麵)¥1,210
網址 www.houtou-fudou.jp

步行
8分

往回走到湖畔的音樂盒博物館。

14:10 河口湖音樂盒之森美術館

美到宛如置身歐洲湖畔的這裡，童話般的數棟歐式建築、庭園、噴泉等，像迷你版的歐洲小鎮，包括音樂盒美術館、餐廳、咖啡館、畫廊、體驗課，處處飄揚著幽雅樂聲，讓人身心都優雅起來。

時間 10:00~18:00(入館至17:00)，依季節調整
價格 平日大人¥1,800、大學高中生¥1,300、中小學生¥1,000。(平假日票價不同) **網址** www.kawaguchikomusicforest.jp

宛如劇場般的龐大音樂盒設置，可欣賞數分鐘演出。

住宿推薦

富ノ湖ホテル

92間客房全都是洋式，早晚餐則是採自助式，鎖定富士山對外國人的吸引力，設計出透天大玻璃展望風呂與露天池，讓泡湯旅客可以盡享溫泉與眼前富士山。

交通 搭乘路線巴士，或可事先預約接送
時間 Check-in 15:00、Check-out ~10:00
網址 www.tominoko.net

住宿推薦

湖山亭うぶや

可以同時享受湖光山色的純和風旅館，最精彩特色便是「溫泉」，溫泉館「碧」設有六種不同的浴場，可盡情欣賞落地窗外美麗的湖中逆富士。

交通 搭乘路線巴士，或河口湖駅有預約送迎巴士(15:00~18:00) **時間** Check-in 15:00、Check-out ~11:00 **網址** www.tominoko.net

---

巴士 20分 **河口湖駅** 周遊巴士-紅線 去車站取回行李，準備前往旅館 **Check In**！

Stay！

DAY2

Start!

河口湖駅
周遊巴士站

10:00

從飯店將行李帶到車站寄放，今天往湖的南側，開始一日遊程。

維妙維肖又生動的精靈人偶藝術品。

巴士 13分

河口湖ミューズ館入口
周遊巴士-綠線

停留時間
2小時

河口湖Muse館· 与勇輝館

10:30

与勇輝先生是日本相當著名的人偶製作專家，所製作的布製人偶娃娃，就像落入凡間的小精靈，維妙維肖的神情各自有著自己的生命與光彩，常設展約展出80~90項作品。午餐就在美麗的戶外庭園咖啡享用完再離開吧。

時間 9:00~17:00(入館至16:30) **休日** 週四、年末 **價格** 大人¥600、國高中生¥400 **網址** www.musekan.net

巴士 6分

河口湖ハーブ館
周遊巴士-綠線

綠線1小時才1班車，要注意班次表。

12:40

河口湖香草館

歐風小屋造型的香草館內，有各式香草商品店鋪、甜點店外，還有咖啡廳及一個廣闊的香草中庭，在香草氣味環繞中，盡情放鬆遊逛之外，也可選擇自己感興趣的課程，體驗手做樂趣。

時間 9:00~17:45(依季節微調) **價格** 免費參觀。手做課程¥700起 **網址** www.herbkan.jp

停留時間
1.5小時

這兒可以賞花、喝茶，品嚐美味的香草蜂蜜蛋糕。

巴士 2分

富士レークホテル·富士博物館
周遊巴士-紅線

下車的富士飯店正前方路口一直走進去，就會看到清酒廠。

井出醸造店

14:30

停留時間 1.5小時

創業於1700年、目前已到第21代，一直都是河口湖地區唯一的清酒釀造店。富士山以地下伏流水的湧泉而知名，用來造酒最是適合。除了買酒、品酒，也可參加酒藏見學長知識。

時間 店舖9:00～11:30、13:00~16:15。酒藏見學9:30、15:00兩時段，一次約60分（需預約）**價格** 酒藏見學¥1,500(含試飲) **網址** www.kainokaiun.jp

品完清酒，剛好可邊散步回河口湖駅。

步行 10分

河口湖駅

16:10

停留時間 50分

河口湖駅是通往富士山的主要玄關口之一，隨時都相當熱鬧，加上各特色列車在此聚集，也很有看頭。站內設有休憩空間及伴手禮賣店，採買之外，當然也別忘選買個特色便當在車上吃。

使用當地豬肉蔬菜製作的駅弁，美味且獨具特色。

17:00

河口湖駅 富士急行線

Goal!

搭上「富士湖號」，山中湖・忍野八海暢遊1日

山中湖　富士山下花田
小美術館　河馬巴士船
忍野八海　富士名水

富士五湖中面積最大的山中湖，海拔982公尺，是日本排名第三高的高山湖。與熱鬧的河口湖，中間隔著富士急樂園、富士駅，交通便利、景點也多，也是很適合獨立一區做一日遊的區域。

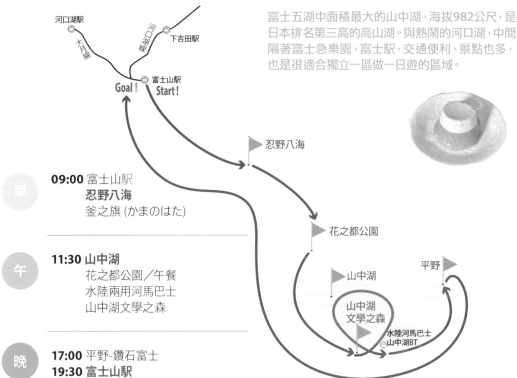

河口湖駅　　大月線　　河口湖線　下吉田駅
Goal!　　富士山駅　Start!

忍野八海

早 **09:00** 富士山駅
忍野八海
釜之旗 (かまのはた)

花之都公園

山中湖　　　平野

山中湖
文學之森

水陸河馬巴士
山中湖BT

午 **11:30** 山中湖
花之都公園／午餐
水陸兩用河馬巴士
山中湖文學之森

晚 **17:00** 平野-鑽石富士
19:30 富士山駅

賞百花群拱**富士山**、
再品甘甜**富士湧泉**好滋味

Point!

不論從河口湖駅、富士駅出發，都有環繞本區的「富士湖號」景區巴士串聯，可以細算看看想玩多久、搭乘幾次，再決定是否買2日巴士通票(大人¥1,700)。

搭上巴士前往山中湖前，會先經過忍野八海，可以下車先玩這區。

Start !

09:00

富士山駅
富士急電鐵

¥450

巴士
21分

忍野八海站
富士湖號

湧池是忍野八海中泉水量以及景觀最美的池子。

忍野

忍野八海

這個可眺望富士山、有著8個清澈湧泉池的村子，是富士山雪水融化流入地底後、歷經數十年再度從這裡緩緩流洩而出，形成數個大小不一的泉池。村中氣氛悠閒純樸，是認識富士山名水與輕鬆漫步的去處。

停留時間
1小時

時間 自由參觀，全年無休
網址 oshino-navi.com/

Tips

富士湖號巴士，一小時才一班次，如果時間不剛好，搭其他巴士路線抵達也可以，但時間有可能久一些。如果有買富士湖號巴士通票，只要是與富士湖號同一行駛區間(共用同一巴士站)，即使是其他巴士路線，通通可以搭。

步行
3分

湧池周邊是村中較熱鬧的區域，一些商店也集中在此，也有餐廳、小吃。

忍野

釜之旗 (かまのはた)

位於忍野湧泉前方，銷售土產外也闢有一悠閒空間，可以坐下來喝一杯用富士山的伏流水，沖泡出的香醇咖啡。名列日本百名水的富士山湧泉，天然甘甜，加上窗外就是湧泉及村中廣場美景，可別錯過。

停留時間
30分

時間 9:00~16:30　**價格** 名水コーヒー(名水咖啡)¥400

步行
5分

¥310

巴士
16分

花の都公園站
富士湖號

可搭11:14的富士湖號，車程16分。

山梨縣

中山湖

花之都公園

停留時間
2.5小時

湖畔廣闊花田造景公園，讓人免費入園欣賞外，也別錯過園內由富士山溶岩形成的地下洞穴，是一個活生生的地理教室，規劃成「清流之里」收費區。來訪這裡季節很重要，12月~3月除了溫室，戶外是沒有花草可賞的，最燦爛的月份則在8月。

時間 4~10月8:30~17:30，其它季節9:00~16:30 **休日** 12/1~3/15的週二 **價格** 花田入園免費。清流之里(地質區)依季節大人¥360~600、小中學生¥240，12~3月免費 **網址** www.hananomiyakokouen.jp

可以拍到美麗花田與富士山景象，也可在此用餐。

¥400

巴士 **18**分

山中湖
旭日丘
富士湖號

中山湖

水陸兩用河馬巴士

停留時間
40~50分

從旭日丘巴士總站出發，先繞行陸地一小圈，來到湖畔後一股作氣往湖裡衝、濺起激烈水花！沿途活潑的導覽與互動，當巴士緩緩運行於水面上，真的就像河馬一樣，可買杯咖啡或霜淇淋賞景邊享用，水陸兩棲巴士之旅超有趣！

時間 9:15~16:00(夏季)，依季節而異、一天約7-9班次 **休日** 天候惡劣可能停駛 **價格** 大人¥2,300~2,500，4歲~小學¥1,150~1,250，4歲以下(無座位，需由家長抱坐腿上)¥400 **網址** www.kaba-bus.com/yamanakako/

人氣極高的行程約30分鐘，假日絕對要先預約才搭得到。

步行 **11**分

沿著湖畔漫步前往文學之森入口。

山中湖文學之森

15:30

從位於觀光案內所後方的小山路上走進文學之森，來趟有益身體的森林浴外，境內的三島由紀夫文學館內，收集的檔案資料可說是相當齊全，完整呈現以「金閣寺」聞名世界的日本作家、三島由紀夫傳奇的一生。

停留時間
1小時

（時間）10:00~16:30(最後入館16:00) （休日）週一、二(遇假日延隔日休)，黃金週不休 （價格）大人¥500、高大學生¥300、中小學¥100（ 票價含德富蘇峰館）（網址）www.mishimayukio.jp/

步行
3分

¥340

搭巴士
12分

文學之森公園前
富士湖號

搭乘16:45分出發前往平野站方向的巴士，車程12分。

平野-鑽石富士

17:00

停留時間
30~50分

獨一無二的鑽石富士，唯有春秋兩季的兩、三天可見到，因角度問題，唯有日出或日落落在富士山山頂尖端，才算真正的鑽石富士。山中湖、河口湖、田貫湖這三處是觀測鑽石富士最佳據點。以山中湖為例，周邊共有數十處觀測點，最佳觀測點「平野」周邊也唯有10月底與2月中才有機會碰到。

（時間）、（價格）自由參觀 （備註）可到各觀光協會網站上，查詢觀測時機與最佳觀測點

絕美鑽石富士美景，可遇不可求，即使沒遇到，當日落美景觀賞也很讚。

步行
5分

¥910

巴士
1小時

平野站
富士湖號

18:30最後一班次回到富士駅，搭巴士約1小時。

山中湖觀光網站，會提供拍攝鑽石富士的詳細資訊。

19:30

富士山駅
富士急鐵道

Goal !

富士五湖、森林、合掌屋、富士山共譜協奏曲

富士五湖　　西湖　　鐘乳石洞　　火山地質森林探秘　　合掌屋　　體驗手做

富士五湖　　本栖湖、精進湖、西湖、河口湖、山中湖，都是火山堰塞湖。優美的湖水與富士山，各種逆富士在五湖中競美、協奏出美妙樂章。離開熱鬧的河口湖、山中湖，其他湖泊也有著令人驚豔的獨特之美，值得探訪。

09:30 河口湖駅
精進湖
精進湖-富士抱子展望台
西湖
富岳風穴

12:10 西湖蝙蝠穴
青木ヶ原樹海遊步道
西湖療癒之里根場／午餐
(體驗手作課程)

17:00 河口湖駅

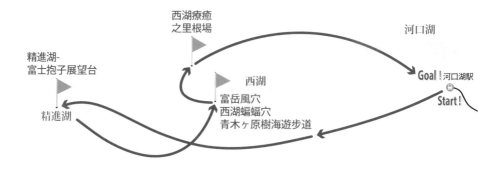

西湖療癒
之里根場

河口湖

精進湖-
富士抱子展望台

Goal！河口湖駅

Start！

西湖
富岳風穴
西湖蝙蝠穴
青木ヶ原樹海遊步道

精進湖

本栖湖

合掌屋裡賞富士山品茶VS.
森林覆蓋的千年火山地貌探險

Point!

距交通中心點有些距離，讓這些不算大熱門的湖泊，顯得清幽寧靜，周遭森林裡更有許多火山形成的隱密地質景觀，五湖廣域之旅、動靜皆宜。

Start！

08:00 河口湖駅 富士急電鐵

¥1180

巴士 50分

下車即達富士抱子展望台。

子抱き富士ビューポイント站 周遊巴士(藍線)

©富士山觀光協會

精進湖

精進湖

10:30

停留時間 **20分**

精進湖保留了最原始風貌，少有人工建築，只有大片青青樹海。明治年間曾有位英國人來此，讚譽此地所見富士山是環山一帶最美；從精進湖展望富士山時，會發現正前方還有個小山，彷彿母山環抱著子山，景致絕對特殊。

¥410

巴士 10分

富岳風穴站 周遊巴士(藍線)

搭乘10:55分出發前往河口湖方向的巴士，車程10分，下車即達。

西湖

富岳風穴

11:10

停留時間 **40分**

由玄武岩構成的富岳風穴，沿途可見冰柱、熔岩棚、繩狀熔岩、熔岩池與樹型熔岩等各種地質型態，全年平均溫度攝氏3度；在過去作為儲藏蠶繭之地，而今除了復原當時情況供展示之用，洞穴也保存一些林務局的樹木種子庫。

時間 約9:00~16:00，依季節不同，詳洽官網
價格 大人¥350，小學生以下¥200　**網站** www.mtfuji-cave.com/contents/wind_cave

洞穴盡頭還有一種特殊的「光苔」，在黑暗中會散發微弱的光芒。

¥270

巴士 5分

西湖コウモリ穴站 周遊巴士(綠線)

搭11:59分出發往蝙蝠穴方向巴士，車程5分，下車即達。注意，從富岳風穴要搭乘綠線喔。

西湖

西湖蝙蝠穴
(コウモリ穴)

12:10

停留時間 15分

因洞窟終年溫暖,以往棲息許多蝙蝠而得名,現在已經少見,所以別怕,這處洞穴因火山熔岩噴發時與湖水交錯所產生的瓦斯氣體,而形成上下相通的洞穴、熔岩鍾乳石與繩狀熔岩等特殊地質,目前開放長度約350公尺。

時間 9:00~16:00 **休日** 週三、12/1~3/19 **價格** 花大人¥300,中小學生¥150(導覽費不包含,須另外付費)

青木ヶ原樹海中最大的熔岩鍾乳石洞穴。

Tips

包含蝙蝠穴的青木原樹海佔地廣大,9世紀時火山爆發後歷經長時間自然演替,大量超過300年巨木在此盤根錯節,許多火山爆發時期燒熔巨木遺留下的大岩洞,是相當精彩的地質教室。配合周遊巴士抵達時間有導覽行程。

★Natural Guide Tour

地點 導覽前5分鐘至西湖蝙蝠穴案內所報名即可 **時間** 定時導覽,不用預約,配合周遊巴士抵達時間,於5分鐘後開始導覽行程。全程約1小時 **費用** 每人費用¥500,導覽範圍為西湖蝙蝠穴周邊(不包含蝙蝠穴門票) **網址** maruyaso.jp/nai01.html

步行導覽 跟著導覽員,徒步繼續前往樹海區域進行探索。

西湖

青木ヶ原樹海遊步道

12:20

停留時間 40分

9世紀時火山大噴發,在這一帶形成廣大的熔岩地帶,經過千年的時光,熔岩上、或是燒毀的大樹幹裡,直接長出了各式奇形怪狀原始林,加上各式大洞穴,可說是一座沒有圍牆的地質與生態博物館,推薦跟著導覽進行健行與探險行程相當好玩!

休日 週三、12/1~3/19 **備註** 可參加導覽行程

栂の巨木帶
樹齡約300年

¥270

巴士 6分

西湖いやしの里根場站
周遊巴士(綠線)

搭乘13:04分出發前往根場方向的巴士,車程6分,下車即達。

西湖

西湖療癒之里根場

13:30

位於西湖湖畔,過去因為颱風造成嚴重土石流,村民被迫遷村,後經重建並開放成為休憩處。這裡有約22處茅草屋民家,風景優美,各個民家裡有的則變成賣店與數家食堂餐廳,也提供各式體驗課程,包含手織布、手工薰香等,喜歡手作體驗的人千萬不要錯過!

停留時間
3小時

時間 3~11月9:00 ~17:00、12~2月9:30 ~16:30
價格 大人¥500、中小學生¥250,DIY依課程收費
網址 saikoiyashinosatonenba.jp/

各式手作課程別錯過。

在根場可以將合掌屋跟富士山一起入鏡。

這條行程會用到周遊巴士的藍線跟綠線,由於藍線跟綠線發車時間每小時才一班次,所以直接用巴士發車時間來安排行程就對了。另外把所有會花到的巴士費用精算一下,若超過¥1,700,就適合買一張2日的周遊券,也省下下車前,到底要支付多少車錢的緊張感。

¥810
巴士 35分

確認回程巴士時間後,在根場就悠閒度過,若還有多餘時間也可以走到10分鐘外的西湖畔散散步。

搭16:10的周遊巴士(綠線)回到河口湖駅。

17:00

河口湖駅
富士急鐵道

Goal!

富士聖山
天空之旅2日

🏷️ 富士山五合目　　富士吉田

富士急樂園　　忠靈塔　　山岳信仰

許多國外人士印象中，最具代表性日本風景莫過於白雪靄靄的富士山，要想親近富士山，用自己的雙眼、雙腳見識這座日本人精神信仰的聖山，就從富士山駅開始吧。

西湖

新倉山淺間公園
富士急ハイランド駅
河口湖駅
下吉田駅
Goal！
富士急樂園
富士山駅
Start！
北口本宮 冨士浅間神社
▲富士山
富士山五合目

DAY1

早
09:00 富士山駅
10:30 富士山五合目／午餐
　　　富士山

午
14:30 富士山駅
　　　金鳥居
　　　北口本宮 冨士浅間神社

晚
17:00 HIGHLAND RESORT Hotel & SPA
　　　（富士急樂園旁）

DAY2

早
09:00 富士急ハイランド駅
09:00 富士急樂園／午餐

午
14:00 下吉田駅
　　　新倉山淺間公園 忠靈塔
　　　下吉田駅&下吉田倶樂部

晚
17:00 富士山駅

富士山・富士吉田
一趟最接近聖山的世界遺產之旅！

• DAY1

Point! 最親近富士山的地方，其實有山梨縣與靜岡縣、共四個登山口，以山梨縣來說，熱門登山路線入口大站，就在富士吉田市所在的富士山駅。

從富士駅出發往五合目的斯巴魯公路，輪胎壓過其中一小段有紋路的路面，發出童謠「富士山」的旋律，相當特別，要仔細聽喔。

Start！

09：00 富士山駅
富士急行線

¥1780

巴士 1小時 富士山五合目
富士急行巴士

從五合目到山頂沿路山小屋，都有販售木製登山杖「金鋼杖印」。

山梨縣

10：30 **富士山五合目**
(吉田登山路線)

停留時間 **3**小時

富士吉田自古以來，就有許多條登山路徑，但現在大部分人會從富士山五合目(大約半山腰)開始爬，這邊的五合目位在斯巴魯收費公路終點，斗大的停車場周邊相當熱鬧，有商店、餐廳、展望台等。爬富士山也是從這裡出發。

時間 開放時間4月下旬～11月上旬(依斯巴魯公路開放時間為主) **網址** www.fujiyama5.jp/index05.html

這裡也有美食小吃，讓登山客補充體力，午餐就在這裡解決。

富士山

富士山海拔3,776公尺，象徵著日本人精神。在2013年名列世界文化遺產，其中含山頂信仰遺跡群、四大登山道、五湖地區、富士山本宮浅間大社及周邊分社、歷史住宅、忍野八海、胎內樹型、白絲瀑布、人穴富士講遺跡及三保松原等25處。

時間 開山季節：七、八月 **登山路線** 登富士山主要分為四條路線：富士宮口登山道、吉田口登山道、御殿場口登山道、須走口登山道 **網址** www.fujisan-whc.jp/

五合目其實也很容易雲霧繚繞，不登山者，彈性調整大約待個2~3小時就足夠。

富士山駅
富士急行巴士

¥1780

巴士 1小時

富士山駅

14:30

停留時間
30分

搭了一個小時車程下車後,在富士山駅好好看看、也喝個東西順便休息一下。位在富士吉田市的富士山駅,也同時是路線巴士、長途巴士集中地。車站外觀十分新穎,是由水戶岡銳治設計改造,大大鳥居呈現出「富士山信仰」特色。

Tips 每年富士山開山時間為4月下旬～11月上旬、登山期間為7～9月初,2024年7月起,富士山吉田登山路線從五合目開始加收登山費¥3,000,且限制每日4,000人,計畫登山者務必注意。

網路 www.fujisan-climb.jp/en/index.html

步行 **4分** 在富士山駅前方,過個馬路就會看到。

金鳥居

15:00

停留時間
10分

金鳥居威風凜凜地站立在兩條國道的十字路口,過去為了標示「此乃前往富士山之最初之路」,由富士山信奉者們出資建立。鳥居旁還有設立年代更古老的「通往富士山的里程標」,也被認為是富士山與塵世間的分界點。

地點 富士吉田市(國道139線與137線交叉口)

鳥居配上壯闊富士山,這景色可不是到處都有。

步行 **20分** 穿過金鳥居往富士山方向直行。

停留時間
40分

北口本宮 冨士淺間神社

15:30

開山歷史最早可以上溯至西元110年的北口本宮富士淺間神社,至今已有近2,000年的歷史,參道兩旁高聳的杉樹非常壯觀,全境氣氛肅誠寧靜,即使不是富士山神靈的信仰者,在此也可得到旅途中難有的身心歇養。

時間 8:30~17:00 　**價格** 自由參拜
網址 sengenjinja.jp

位於富士山北口登山處,自古以來以朝山者的守護神社著稱。

住宿推薦

HIGHLAND RESORT Hotel & SPA

擁有壯觀的富士山景觀,從房間看出去整個富士山就在眼前,這家溫泉飯店的另一邊面對富士急樂園,夜晚光鮮的霓虹燈,顯得特別浪漫。也依遊樂園裡熱門角色設計了主題套房,都很受到歡迎。

交通 富士山駅可免費接送,需預約接送時間(9:00~18:00)
時間 Check-in 15:00、Check-out ~12:00 　**網址** www.highlandresort.co.jp

步行
20分

富士山駅
富士急行線

Stay!

在此等候飯店接送巴士(需預約)。

DAY2

Start！

富士急樂園 **09:00**

<table>
<tr><td>停留時間
4.5小時</td></tr>
</table>

玩過各式遊樂園，但邊玩邊看富士山景致，真的僅此一家！除了尖叫連連的遊樂設施，園內還有哈姆太郎、湯馬士小火車、麗卡娃娃等小朋友們最愛的卡通人物。此外，玩累了樂園旁還有Gaspard&Lisa小鎮，美麗又可愛的造景，拍照、用餐、購物都行。

時間 9:00~18:00，週末、例假日9:00~19:00，夏季8:00~21:00，詳細時間請上官網查詢 **休日** 不定休

價格 一日券大人¥6,000~7,800，中高中生¥5,500~7,300，小學¥4,400~5,000，1歲以下¥2,100~2,500 **網址** www.fujiq.jp

步行 1分

在富士山腳下，一起放聲齊尖叫吧！

Tips 如果晚上是住在HIGH-LAND RESORT Hotel & SPA，然後也打算玩富士急樂園，那麼毫無懸念就是買飯店+樂園的優惠聯票就對啦！

¥230

電車 11分 **下吉田駅** 富士急行線

樂園旁就有電車站，搭過來後下車往淺間公園方向，走路5分。

停留時間
1.5小時

新倉山淺間公園 忠靈塔 **14:00**

以拍攝富士山風景為主題的「富士見百景」中,忠靈塔始終是個極具代表的景點。高塔位於淺間公園新倉山的山腰,需爬上397個台階,有觀景台可將塔、富士山、富士吉田市的風光盡收眼底,櫻花、冬雪時,更加美麗動人。

時間、**價格** 自由參觀

富士見百景的人氣拍攝景點!

下吉田駅
富士急行線

步行
5分

Tips 富士急行線不論往哪個方向,都是30分鐘一班次,要掌握好搭車時間。

下吉田駅& 下吉田俱樂部 **15:30**

停留時間
30分

近百年的車站建築是以終戰時期的名古屋車站為模型,獨特的風格造型,是鐵道迷不能錯過的復古車站。後經水戶岡銳治之手整建,讓站內挑高的空間設計與高處的採光窗,呈現出優雅的流動空間感。

回到富士山駅,如果還不急著離開,站口有一家大型購物中心Q-STA可殺時間。

¥230

電車
6分

17:00

富士山駅
富士急行線

Goal!

車站內的下吉田俱樂部,供應咖啡輕食餐點。

靜岡縣排行程入門指南

栃木縣
群馬縣
埼玉縣
東京都   茨城縣
        千葉縣
靜岡縣
神奈川縣

靜岡縣

位於日本中央的山海名勝——靜岡，擁有得天獨厚的自然地貌，加上有熱海、伊豆半島多處溫泉，富士山腳下的富士宮等地，讓這裡成為東京人放鬆休閒的好去處。而日本綠茶產量第一，以茶園展開的富士山景致更是迷人。

Q 我到靜岡縣觀光要留幾天才夠？

A

靜岡縣景點，相當豐富多元，更有新幹線貫穿。有以地熱、溫泉、駿河灣海鮮而吸引旅人的伊豆半島；靠近富士山腳下的富士宮、御殿場等，還有靜岡市、小丸子故鄉的清水，而南端的濱松一帶，悠閒鐵道與大湖，勾勒天光水色之美，不論1天～5天，都能安排出精彩行程。

Q 天氣跟台灣差很多嗎？

A

靜岡縣地貌變化相當大，串聯富士山側已經是日本第一高峰的高度，其他平原區域沿著太平洋，即使冬季也不至於太冷或下大雪，而綿長延伸出去的伊豆半島，沿海溫暖、內陸寒冷，也差異相當大，熱海有著日本本州最早盛開的櫻花。總的來說，觀光客較常拜訪的熱海、靜岡、松濱、伊豆半島，冬季最低大約0度左右、夏季則27度左右。

Q 什麼季節去最美？

A

由於地貌變化大，四季都能有豐富變化，冬季又有豐盛溫泉，而富士山就橫跨在靜岡縣西北側，因此不論櫻花、楓紅、春茶園、夏天濱海松原...都能找到將富士山襯托的更美的自然框景。

有了基本認識後，現在就來打造最適合自己的旅遊行程吧！

從機場、東京要搭什麼車前往靜岡縣

TIPS! 靜岡市剛好位於東京跟名古屋的中間，以新幹線串聯，從東京搭新幹線或從名古屋搭新幹線過來都是1小時，若因行程需求，從名古屋的中部機場入境，一路玩過來也是可行喔。

羽田空港→靜岡縣
高速巴士
◎小田急高速巴士

路線名	目的地	時間	價格
京濱急行巴士、小田急巴士	往御殿場駅、箱根方向	每天6班次，車程約2小時	¥2,300

東京→靜岡縣
鐵道

 JR東日本 JR東海道

路線名	目的地	交通方式	時間	價格
JR東日本鐵道	熱海	從東京駅可搭JR東海道新幹線「こだま」直達熱海駅。	約50分	¥4,070
		從東京駅搭「JR特急舞孃號(踊り子)」直達熱海駅。	約1小時20分	¥3,560
		從東京駅搭「JR東海道本線」可直達熱海駅。	約1小時50分	¥1,980
	伊豆高原 伊豆急下田	從東京駅、品川駅可搭「JR特急舞孃號(踊り子)」直達伊豆高原駅、下田駅等站。	至伊豆高原駅約2小時 至下田2小時40分	¥5,170 ¥6,177
	修善寺駅	東京駅搭JR特急「踊り子号」	至約2小時10分	¥4,640
JR東海道新幹線、東海道本線	靜岡駅	東京駅搭乘東海道新幹線列車「ひかり(HIKARI)」	約1小時	¥6,270
	濱松駅	東京駅搭乘東海道新幹線列車「ひかり(HIKARI)」	約90分	¥8,240

Tips JR東日本、JR東海道分屬不同鐵道公司，當利用PASS時，JR東日本大約範圍僅抵達伊豆半島一帶，再往靜岡方向的話，就變成是JR東海道範圍了，務必確認能搭乘的範圍。

高速巴士
◎高速巴士訂票網

路線名	目的地	交通方式	時間	價格
京濱急行巴士	御殿場	在品川駅搭乘直行巴士前往(僅週末、例假日運行1班，去程9:05、回程16:30)	約2小時	¥1,700
小田急巴士	往御殿場駅、箱根方向	從新宿出發，6:30~22:05 每天19~21班次。	約1小時40分	¥1,800
小田急巴士	往御殿場 Outlet	從新宿出發直達車。每天8:45、10:45各一班次	約95分	¥1,800
靜鐵巴士	富士宮駅	從新宿南口BT出發	約2小時30分	¥2,750
東海巴士、京王巴士等	静岡駅	在新宿南口BT、渋谷Mark City搭乘	約3小時~3小時30分	¥2,600

靜岡空港→靜岡市
巴士

路線名	目的地	時間	價格
靜鐵巴士	静岡駅	約50分	¥1,100
靜鐵巴士 (+東海道本線)	島田駅 (可再轉搭東海道本線往濱松駅)	25分 (島田駅~濱松駅，44分)	¥550 (島田駅~濱松駅，¥860)

馬上看懂 靜岡縣的東西南北

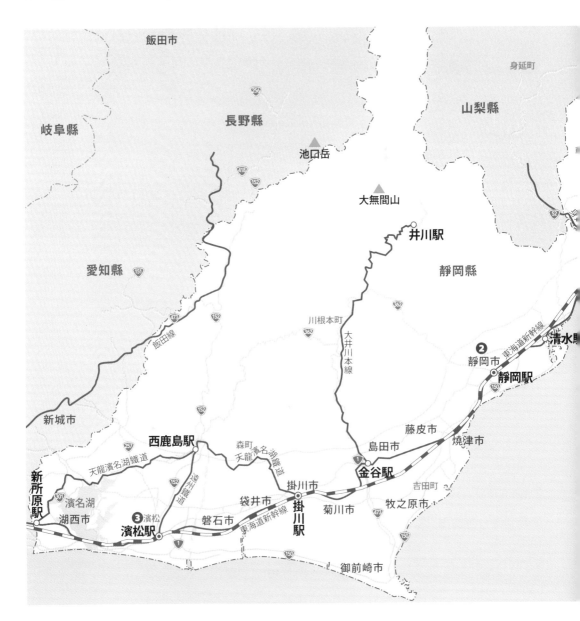

Point! 跨縣市的旅遊行程，選擇交通便利的地方住宿準沒錯！

我要住哪一區最方便？

河口湖

富士吉田市

富士山

神奈川縣

御殿場

御殿場驛

愛鷹山

箱根山

箱根町

富士宮驛

富士市

裾野市

三島驛

三島

湯河原町

駿河灣

沼津

清水

①熱海

熱海驛

沼津驛

來宮驛

伊豆箱根鐵道駿豆線

修善寺驛

中伊豆‧修善寺

伊豆之國市

伊東驛

伊東市

天城山

伊豆高原

伊豆高原驛

西伊豆

河津

伊豆急行

東伊豆

松崎町

河津驛

下田

伊豆急下田驛

南伊豆

❶熱海市：

熱海是知名的溫泉勝地，多達300家以上旅館，伊豆最大入口站的這裡，永遠旅人如織。東海道新幹線、JR東日本新幹線在此會合，加上串接伊豆急行線，想往伊豆半島各處，都很方便。

❷靜岡市：

東海道新幹線上大站的靜岡市，為靜岡縣的行政中心，熱鬧光鮮的城市風格，讓這裡成為靜岡旅遊住宿的大站，由於靜岡南北狹長，以這裡為中心很便利，除了城市風貌，其前身駿府城為德川家康一手打造，也帶來歷史餘韻，加上靜岡是日本第一的茶產區，靜岡市也成為最大茶町尋茶處。

❸濱松市：

一樣有東海道新幹線經過的濱松，古代屬於遠洲國，風情自成一格。也是德川家康在此站穩腳步、進而一統天下的奠基之地。從名古屋搭新幹線過來只需40分，這裡鄰近日本第10大湖泊的濱名湖，加上有小鐵道之旅，充滿度假優閒與歷史內涵之地，適合當作南靜岡旅遊據點。

靜岡縣

要搭車前先搞懂交通路線圖

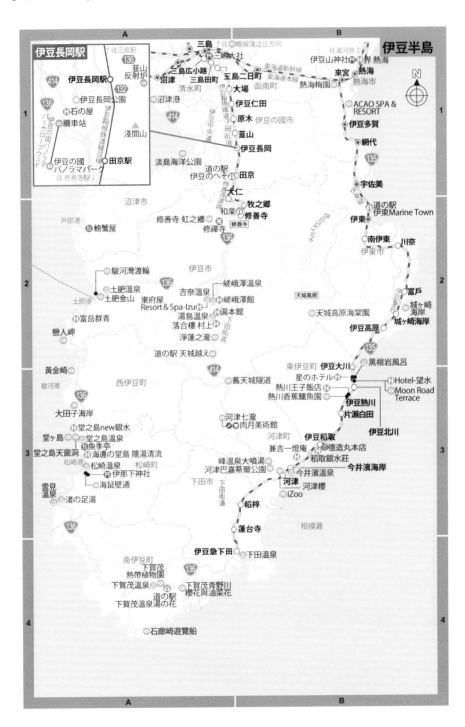

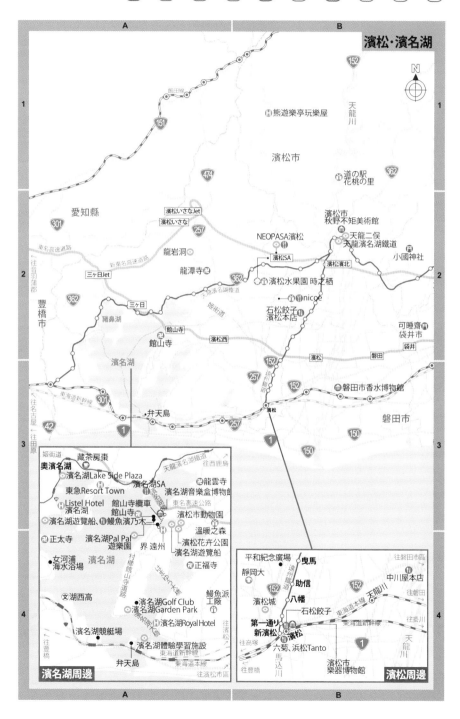

濱松・濱名湖

靜岡縣

有什麼**優惠車票**適合我？

	JR東京廣域周遊券 JR Tokyo Wide PASS	休日吃到飽乘車券 休日乗り放題きっぷ	電車・巴士1日券 電車・バス1日フリー乗車券
使用區間	JR東日本線(區域間) JR東日本新幹線(區域間) 東京單軌電車 伊豆急行線全線 富士急行線全線 上信電鐵全線 埼玉新都市交通(大宮～鐵道博物館) 東京臨海高速鐵道線全線 JR東日本與東武鐵道線互通軌道特急 東武鐵道線(下今市～東武日光、鬼怒川溫泉的普通線)	限週末、例假日及新年假期(12/30~1/3)的1日內，可自由搭乘JR普通列車的自由席，可無限制悠遊浜松～靜岡市～熱海～富士宮～御殿場等處，可搭路線包含： 【JR東海道本線】豐橋駅～靜岡駅～熱海駅區間 【JR身延線】富士駅～甲府駅區間 【JR御殿場線】沼津駅～国府津駅區間	可自由搭乘靜岡鐵道、靜鐵巴士，悠遊於靜岡、清水區域的優惠車票，可搭乘區域包含： 【靜鐵電車】靜鐵全線 【靜鐵巴士】以靜岡・清水・東靜岡・草薙駅為起點，只要車資¥600區域內的靜鐵巴士皆可搭乘。包含觀光客常用的日本平線、駿府浪漫巴士、清水日本平線等多達42條路線。
價格	成人¥15,000、兒童¥7,500	成人¥2,720、兒童¥1,360	成人¥1,400、兒童¥700
有效時間	連續3天	1日	1日
使用需知	・除了「埼玉新都市交通」外，在其他路線可走一般閘口。 ・欲搭乘**指定席需劃位**(不限次數) ・富士急行線「富士山特急」、「富士山View特急」1號車廂，與「富士登山列車」，均需另外付費。 ・「疾風」號、「鬼怒川」號、「日光」號等全車指定席列車，需劃位。 ・不能乘坐東海道新幹線及JR巴士。	・只能搭乘普通列車自由席，新幹線、寢台列車不可搭乘。 ・預став票在指定使用日前，都可以退票，但須收手續費200日圓。 ・預售票在指定使用日前，都可以更改使用日期，但僅限更改一次。 ・持1日券享指定美術館、博物館、景點等10多處的優惠折扣。	・最早預售期間為3個月前。售出票券不可退款，但可以更改使用日期、免收手續費。 ・磁式票券，搭電車時，直接利用自動票閘口。搭公車時則展示有效日期面的車票，給司機員檢查即可。 ・萬一搭乘巴士至超過¥600區間外站點，則補足差額即可。 ・不可搭乘的巴士路線：深夜巴士、空港線、高速巴士、臨時路線巴士、季節登山巴士等。
售票處	1-事先於JR東日本網站購買，抵日後取票。 2-抵日後於售票窗口持護照購買。 3-自行於有護照讀取功能指定席售票機購票&取票。 4-機場及各大JR車站外，更多日本當地購票&取票地點詳見網站。	1-自由乘車區間內JR東海主要車站售票處(除了国府津駅、甲府駅)。 2-熱海駅：新幹線換乘口的售票處。 3-以各售票車站裡的旅行社營業處。	1-靜鐵巴士：新靜岡巴士案內所、靜岡駅前案內所、清水駅前案內所 2-靜岡鐵道：新靜岡駅、新清水駅
官網			
購買身分	非日本籍旅客，購買需出示護照。	無限制	無限制

靜鐵巴士(日本平線)+日本坪纜車+久能東照宮套票 静鉄バス(日本平線)+日本平ロープウェイ+久能山東照宮セット券	東海巴士伊東 伊豆高原周遊券 「伊豆高原 城ヶ崎1日券」 「伊東 伊豆高原2日券」	伊豆多利夢乘車券 伊豆ドリームパス
想從靜岡市出發去久能山東照宮的話，買這張就對了。套票包含同1日內可使用： 【靜鐵巴士(日本平線)】靜岡駅←→日本坪纜車站來回車票 【日本坪纜車】來回纜車票 【久能山東照宮】門票1張	想暢遊伊東市、伊豆高原，利用東海巴士最便利，巴士周遊券分一日跟二日，可依想去的區域來規劃購買。 【伊豆高原・城ヶ崎1日券】東海巴士巡遊於伊豆高原的各路線。可串連的電車站為 伊豆高原 。 【伊東・伊豆高原2日券】可搭乘巴士的範圍更大，包含整個伊東市區，也包含伊豆高原區域。可串連的電車站為伊豆高原駅、伊東駅。	此票券根據伊豆半島設計出不同周遊路線的自由乘車券，共有3條路線，根據路線不同可搭乘駿河灣渡輪、東海巴士、伊豆急行線、伊豆箱根鐵道、伊豆箱根巴士等。條路線分別為： 【綠色・山葵路線】-3天 【藍色・富士見路線】-2天 【橘色・黃金路線】-3天 ※詳細可用交通工具及使用區間，詳見網站
成人¥2,630、兒童¥1,220	1日成人¥900、兒童¥450 2日成人¥1,800、兒童¥900	【綠色】成人¥3,900，兒童¥1,960 【藍色】成人¥2,800，兒童¥1,420 【橘色】成人¥3,700，兒童¥1,860
1日	1日、2日	2日、3日
·購票時需指定使用日期，最早可一個月前購票。 ·在使用指定日前可以退票，但必須酌收手續費。 ·交通票券使用時，不可以中途下車。 ·巴士券有來回票各一張，每搭乘一次便回收一張。其他票券也是在使用後會回收(纜車則在回程使用後回收)。	·票券限當日購票後、當日使用。 ·購票後就不能夠退票。 ·部分路線不能搭乘：順天堂病院直通巴士、高速巴士、天城東急接駁巴士、特定設施契約巴士等。 ·持券享大室山纜車、動物園、美術館等20處的優惠折扣。	3條路線的可達範圍如下，可依需求尋找最適合自己的路線。 ·【綠色】伊東駅~伊豆高原駅~河津駅~河津七瀧~淨蓮之瀧~修善寺駅~土肥港~清水港 ·【藍色】三島駅~伊豆長岡駅~修善寺駅~修善寺溫泉~修善寺虹の郷~土肥港~清水港 ·【橘色】伊東駅~伊豆急下田駅~松崎~戀人岬~土肥港~清水港
1-新靜岡巴士案內所 2-靜岡駅前案內所	1-一日券：伊豆高原駅內、EMot手機電子票券。 2-二日券：東海巴士伊東駅案內所、EMot手機電子票券、KKday、7-11。	1-【綠色】、【橘色】、【藍色】清水港渡輪乘坐點、伊東駅東海巴士案內所、修善寺駅東海巴士案內所。 2-【藍色】還可於伊豆箱根鐵道伊豆長岡駅及三島駅購票。
無限制	無限制	無限制

搭新幹線，「熱海溫泉鄉」輕鬆1日

熱海　溫泉饅頭　伊豆舞孃
藝妓表演　老派懷舊溫泉鄉

伊豆半島東玄關的熱海，是日本數一數二的溫泉度假勝地。沿著蜿蜒的海岸至山腰，約有300家大型飯店或休閒別墅群集於此。溫暖的氣候、豐沛的溫泉享樂、藝妓演出、夏季的花火、個性派美術館以及熱鬧的商店街等，充滿迷人又老派趣味。

早
09:00 熱海駅
Bakery & Table
熱海太陽沙灘
熱海芸妓見番 歌舞練場

午
12:00 延命堂
大湯間歇泉&湯前神社
KICHI＋／午餐
仲見世通り&和平通り

晚
18:00 熱海駅

Start!
熱海駅
仲見世通り&和平通り
Goal !
東海道新幹線
東海道本線
大湯間歇泉&湯前神社
延命堂
熱海太陽沙灘
熱海芸妓見番歌舞練場
熱海親水公園
起雲閣

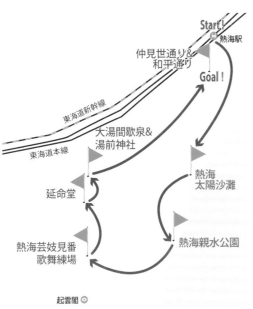

Welcome to 熱海溫泉

飄散著優雅昭和氣息、
熱鬧的老派溫泉鄉遊樂

Point!

從東京過來搭上新幹線只需50分鐘,而且一下站就是抵達了,這超知名的溫泉鄉,交通也太便利了吧!

Start!

熱海駅
JR東海道

下車即達。

Bakery & Table

停留時間 **30**分

熱海車站與LUSCA商場共構,一早抵達熱海,不如先上車站商場2樓的Bakery & Table,喝杯咖啡醒醒腦吧。是伊東擁有相當高人氣的赤倉飯店附屬烘焙坊分店,與飯店同樣於1937年一起開業,美味手藝據說傳承自俄國羅曼諾夫王朝宮廷御用烘焙師。

時間 9:00~20:30(L.O.20:00) **價格** 咖啡¥290,熱狗套餐(附飲料)¥880 **網址** www.bthjapan.com

Tips

今天就以徒步搭配搭乘「湯~遊~バス」景點觀光巴士來逛熱海市吧,不論買一日券或是搭單程,都很適合,畢竟熱海光市中心也是有些坡度的,尤其像是熱海城、看藝妓演出,靠走路就有點遠了。

價格 「湯~遊~巴士」1日券成人¥800、單次¥300。小孩半價

巴士 **6**分

サンビーチ站
湯遊巴士

下車即達。

7月下旬~8月間有5場夏季海上花火大會、熱鬧非凡。

熱海太陽沙灘

停留時間 **30**分

熱海太陽沙灘是一個半月形的港灣,沿著海灘走,可以看到沿岸櫛比鱗次的大型飯店,以及停泊港灣的豪華遊艇。沙灘旁有一座親水公園,木板鋪成的棧橋上海風徐徐吹拂,即使夜間也氣氛舒適宜人,全年有多場煙火大會都在此施放。

時間 7-8月夏季時間開放,游泳時間9:00~16:00,點燈時間~22:00 **價格** 免費 **網址** www.ataminews.gr.jp/spot/119/

海邊有個「貫一‧阿宮」雕像拍照熱點,是小說《金色夜叉》的男女主角名場面。

步行 **7**分

雖然搭湯遊巴士也會到,但會繞一大圈,乾脆走路還比較快。

静岡縣

10:30 熱海芸妓見番 歌舞練場

停留時間
1.5小時

熱海以往也是有藝妓傳統的，這裡是訓練一流藝妓的地方，藝妓們在這裡練習日本舞、茶道等，平時亦開放遊客參觀。一定要週六日來，因為週末會演出盛大的傳統舞踊「華之舞」，否則平日來就僅能參觀空間了。

時間 10:00~15:00；華之舞每週六、日11:00，表演約40分 價格 免費參觀；華之舞¥2,500

網址 atami-geigi.jp 備註 演出前半小時入場，早點到買票入場，或預先購票。

步行 7分

12:00 延命堂

停留時間
30分

在日本各地大小溫泉鄉都可以見到的溫泉饅頭，就是從這家延命堂本店發明的。大正時代延命堂的初代店主發揮巧思，用溫泉的蒸氣製作饅頭，之後蔚為流行傳遍日本。

時間 10:00~20:00 休日 週三、不定休 價格 溫泉延命饅頭1個¥111、熱海櫻羊羹¥756

溫泉藝妓們相當平易近人，還會親切地與觀眾互動、玩遊戲。

步行 1分

就在延命堂後方的巷子裡。

大湯間歇泉&湯前神社 12:30

停留時間
30分

於熱海市七湯巡禮之一的大湯間歇泉，是七湯裡最具可看性的。曾是世界3大噴歇泉之一而聲名大噪，但明治25年大地震後，光景不再。透過復活工程後，現在大約每4分鐘就會噴出熱泉約3分鐘，雖只有2~3公尺高、也很令人驚艷。

時間 全天開放、自由參觀

噴泉左前方的湯前神社，百年大樹參天、相當幽靜。

走路12分或搭車5分回到熱海駅。

KICHI +

停留時間 **1**小時

13:20

以伊豆及熱海在地食材為主打，位在充滿昭和風情的仲見世通り，店裝現代摩登又充滿簡約風格，顯得格外顯眼。菜單選項也簡單一頁，以定食及丼飯為主，不過度調味的簡單食飲，將大海的美味充分引出。與和平通間的巷弄裡還有KICHI Cafe，則是以咖啡為主的溫暖咖啡館。

時間 11:00~15:00 **休日** 週三 **休日** 三色丼¥1,450 **網址** www.cafe-kichi.com

來自駿河灣魩仔魚的三色丼飯。

靜岡縣

仲見世通り&和平通り

14:20

停留時間 **3**小時

這兩條緊鄰的商店街，成V字形在熱海站前放射出去，這裡聚集伴手禮、餐廳、溫泉饅頭、煎餅等小吃外，連傳統學生制服、昭和風情老雜貨、曬魚乾的舖子，與摩登小咖啡館、流行飾品等一起共存，充滿新舊融合的舒適感。

時間 8:00~19:00(各店營業時間不一) **休日** 大都集中週二或週三 **網址** atamiekimae.jp/#area1

腳逛到酸的話，熱海駅前也有免費足湯，但只開放到16:00喔。

18:00

熱海駅
JR東海道

Goal !

伊豆高原～南伊豆下田
一路暢玩2日

伊豆高原　小美術館　水豚泡湯
火山漫步　幕府開港歷史　海鮮美饌

伊豆高原得天獨厚的大自然加上閑靜氣氛,發展成知名避暑度假的別墅勝地。而散發著濃厚南國情調的南端港町——下田,則因幕府時代開港歷史,遺留不少史蹟,現在更是南伊豆著名的度假區。

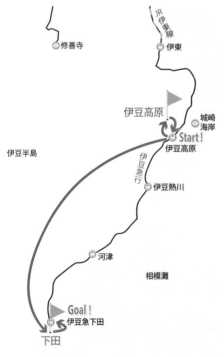

修善寺
JR伊東線
伊東
伊豆高原
城崎海岸
Start!
伊豆高原
伊豆半島
伊豆急行
伊豆熱川
河津
相模灘
Goal!
伊豆急下田
下田

DAY1

早
09:30 伊豆高原駅
10:00 伊豆仙人掌動物公園
大室山&登山纜車

午
おおむろ軽食堂／午餐
14:40 泰迪熊博物館

晚
KENNY'S HOUSE CAFE
17:00 伊豆高原溫泉飯店 or
伊豆下田溫泉飯店

DAY2

早
09:30 下田駅
09:30 寝姿山下田纜車
了仙寺&黑船博物館MoBS

午
11:30 培里之路／午餐
土藤商店&土藤ギャラリー
下田時計台 普論洞

晚
17:00 下田駅

從「洋風優雅高原」到「濱海歷史小鎮」
2種度假風情全收錄

Start! ● DAY1

Point!

不論從熱海或東京出發，利用JR特急「踊り子号」，可直達熱海駅、伊豆高原駅、下田駅等，交通快速又便利。

園區內可愛的水豚是人氣王，冬天泡湯時超療癒！

09:30

伊豆高原駅
伊豆急行線

站口外面就是巴士站。

¥360

シャボテン公園站
東海巴士

巴士
20分

Tips

伊豆高原駅下車後，大部分最精采的地方都須再搭巴士約15~30分鐘才能抵達，但巴士約30分鐘一班，若想一次效率拜訪多個點，開車也是一個選項。出車站後，就有租車櫃台，不妨事先規劃善加利用。

靜岡縣

伊豆高原

伊豆仙人掌動物公園

停留時間 2小時

位在大室山腳下，廣大的園區裡最吸引人的除了超過1,500種仙人掌外，120種的動物們也很搶鏡。很多溫馴動物區都採無柵欄式放養，讓人都可以跟他們親近。園區最受歡迎的就是水豚了，尤其冬季限定的泡湯秀絕對不能錯過。

10:00

時間 9:30~16:00(依季節調整) **價格** 大人¥2,700，小學生¥1,300，幼兒(4歲以上)¥700；假日票價加收¥100 **網址** izushaboten.com/index05.html

步行 **4分**

在動物園內就會看到一旁斗大的大室山，出動物園大門後走路過去很快。

伊豆高原

大室山&登山纜車

停留時間 1小時

12:00

標高580公尺，遠看像是一個倒扣的大碗公，夏天一片蔥綠、宛如抹茶山海綿蛋糕，冬季則是一片枯黃蕭條景致。利用纜車就能登上火山頂，山頂有一條沿火山口繞一圈的步道，富士山、伊豆高原到伊東海岸等，通通一覽無遺。

時間 纜車約9:00~17:00(依季節而異)，單程6分鐘 **休日** 纜車遇檢修、天候不佳時停駛 **價格** 纜車往返：國中生以上¥1,000、小學¥500 **網址** omuroyama.com

纜車 **6分**

餐廳就在纜車站山下入口處。

伊豆高原

おおむろ軽食堂

13:00

停留時間
1小時

食堂內木質調的設計空間，讓人感到舒適又放鬆。這裡主要將伊東一帶的山產與海味，做成美味的家庭料理，特別的是，店家在料理呈現上特別講究擺盤與裝飾，並結合創作工房的陶器，讓飲食增添美感與樂趣。

地點 10:00~16:00 **休日** 纜車運休時(一年2次)
價格 午餐套餐¥1,485起 **網址** ohmuro-lunche.izu-kukan.com

每道料理都是以套餐方式呈現，擺盤相當優雅。

¥360

巴士 **20**分

伊豆高原駅
東海巴士

步行 **10**分

下車後，沿車站高原口方向走即可。

伊豆高原

泰迪熊博物館

14:40

停留時間
1小時

宛如森林裡的童話風格鄉間紅磚小屋，在大門口、櫥窗裡、陽台上都刻意安排穿著可愛服裝的巨型泰迪熊站崗，歡迎遊客前來造訪。博物館內收藏了近一千隻古董泰迪熊，逛完一圈，馬上就能變成泰迪熊通。

時間 9:30~17:00(入館至16:30) **休日** 2、3、12月的第2個週二、6月第2個週二~三 **價格** 大人¥1,500、中高生¥1,000、小學生¥800 **網址** www.teddynet.co.jp/izu/

可愛泰迪熊，有著各式裝扮角色。

步行 **1**分

咖啡店就在博物館隔壁。

伊豆高原

KENNY'S HOUSE CAFE

15:40

停留時間
1小時

靜岡老舖名店,本店就在伊豆高原泰迪熊博物館、城崎文化資料館等博物館集中區這裡,適合在參觀完博物館後,來這坐下來喝杯咖啡小歇一會。除了咖啡、餐飲,也別錯過牧場直送、100% 純鮮奶製成的霜淇淋。

時間 10:00~17:30(L.O.17:00) **價格** 霜淇淋¥400~、咖哩飯套餐¥1,500 **網址** www.kennys-house.com

店內最受歡迎、由牧場直送香濃霜淇淋,不要錯過。

靜岡縣

住宿推薦

高原派

花吹雪

位在國家公園境內,被森林重重包圍,2千7百坪中,只有17間客房,7間溫泉浴場各異其趣,彷若隱匿在森林中的小屋,讓旅客沉醉自然忘卻煩囂。

交通 伊豆高原駅徒步10分 **時間** Check-in 15:00、Check-out ~11:00 **網址** www.hanafubuki.co.jp

住宿推薦

海洋派

下田大和館

融合沙灘、海景、溫泉、海鮮美食,位於多々戶浜沙灘旁,以美麗的白沙及適合衝浪海域而知名,全部面海房間讓這裡不論冬季、夏季都相當熱門。

交通 下田駅提供接送服務,車程約5分 **時間** Check-in 15:00、Check-out ~11:00 **網址** www.shimoda-yamatokan.co.jp/

Stay!

Tips

下田是江戶時代最早有美國軍船(黑船)抵達地,歷史地位重要。主要市中心景點大都徒步可達,走路一個一個拜訪最方便。也可報名下田觀光協會推出的歷史漫步,大約1小時,可快速綜覽下田相關景點&歷史面貌。

(地點) 下田市観光協会駅前案内所 (時間) 前一日需預約,日文導覽 (價格) 導覽行程1組3人費用¥2,000~(依人數及行程費用不同) (網址) www.shimoda-city.info

Start!

09:30 🚌 下田駅
(伊豆急行線)

步行 **1**分

從飯店將行李帶到車站寄放,開始一日下田散策遊程。

下田駅裡充滿海洋風元素。

↓ 下田

寝姿山下田纜車

09:30

(停留時間) **30**分

登高望遠最能將下田的地理面貌一次綜覽,下田如何在幕府時代開啟波瀾壯闊的開港年代,也許登高後會有一番新理解。搭乘纜車登上山頂只要約3分半,可將黑船停泊的下田港、遠方雄偉的天城連山盡收眼底。

(時間) 8:45~17:00,依季節調整(每15分鐘一班) (價格) 纜車來回大人¥1,500、小孩¥750 (網址) www.ropeway.co.jp

步行 **15**分

↓ 下田

了仙寺&黑船博物館 MoBS

10:30

(停留時間) **1**小時

了仙寺為下田重要史蹟,江戶幕府時代便是在寺院的密室中,與美國培里提督簽署了下田條約,正式允許外國人在下田町內自由行動,自此改變了下田以及日本歷史。而包含開港及下田歷史文物等,都收藏於仙寺附屬黑船博物館內,也有劇場以中英日3種影片,讓不懂日語的人也能看得懂。

(時間) 8:30~17:00(寺院&博物館) (價格) 寺院免費參觀。博物館:大人¥500,小中高生¥250 (網址) ryosenji.net;www.mobskurofune.com

步行 **1**分

博物館內以培里為主角的漫畫人物造型,相當逗趣。

下田

培里之路 11:30

停留時間
2小時

沿平滑川敷設的培里之路，石坂鋪成的散步道從了仙寺一直延伸至港口，清淺的平滑川上頭跨越了數座復古小橋，走過小橋，對岸的歐風建築內有的是咖啡店，有的販賣飾品雜貨，五花八門的個性商品讓人忘卻時間。

草画房運用老建築，變身優雅藝術風咖啡館。

時間 澤村邸：10:00~16:00 **價格** 免費參觀

步行 5分

從旧澤村邸出發，可先繞過去港邊佩里艦隊來航紀念碑，在港邊可以停留個10~15分鐘看看遊港的復刻黑船。

步行 5分

下田

土藤商店&土藤ギャラリー 14:30

停留時間
40分

土藤商店是開設於明治20年(1887年)的老酒鋪，老建築不少的這個街區裡，隔著小巷子對面還設有土藤ギャラリー(老物展示空間)，商店這側有各式日本酒、培里來日時飲用的保命酒等，還有以保命酒做的冰棒、糖也很特別。

時間 展示空間9:00~18:00(旺季~20:00)，商店9:00~20:00 **休日** 不定休 **價格** 免費參觀

網址 tsuchito-izushimoda.cocolog-nifty.com/

步行 10分

下田

下田時計台 普論洞 16:00

停留時間
1小時

以伊豆特殊海鼠壁建築形式為特色，高聳的鐘塔，是下田最醒目地標。融合咖啡餐飲與購物，是購買伴手禮必訪點，以精選「逸品」好物為主軸，不論是金目鯛等海味各式商品、高級紅茶，甚至是黑船圖案相關人氣商品等皆備。

步行 1分

時間 9:00~17:00 **網址** www.front-shimoda.jp

吃喝買，一站大滿足。

下田駅 伊豆急行線 17:00

Goal !

中伊豆&修善寺 文學溫泉
秘境之旅2日

修善寺　中伊豆　文豪旅館

富士山全景　纜車　韮山世界遺產

中伊豆也許不如熱海、下田等總是人聲鼎沸,但修善寺隱密的溫泉秘境氣氛,以往吸引許多大文豪來此長住;伊豆長岡因許多新景點而吸引旅人造訪。

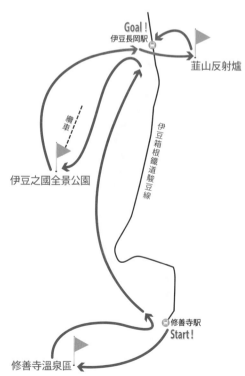

DAY1

早
09:30 修善寺駅
10:30 修善寺溫泉區
修禪寺
五橋巡禮

午
12:30 花小道 そば 四季紙／午餐
竹林小徑
茶庵 芙蓉

晚
16:00 修善寺溫泉區溫泉飯店

DAY2

早
09:30 修善寺駅
10:00 伊豆長岡駅
10:30 伊豆之國全景公園

午
12:00 旬彩市場／午餐
韮山反射爐

晚
17:00 伊豆長岡駅

Goal !
伊豆長岡駅

韮山反射爐

纜車

伊豆之國全景公園

伊豆箱根鐵道駿豆線

修善寺駅
Start !

修善寺溫泉區

電車、纜車、巴士、單車
4鐵串聯悠遊中伊豆

Point!

中伊豆有電車串聯伊豆長岡、修善寺站，但因景點離電車站有一段尷尬距離，善用不同交通工具串聯，也能樂趣橫生。

今晚住修善寺溫泉區，先把行李帶去旅館寄放，再開始一日行程吧。

Start！ · **DAY1**

09:30

¥260

修善寺駅
JR東日本

修善寺溫泉
東海巴士

巴士
10分

手洗舍的龍頭流出的是貨真價實的溫泉水！相傳是空海開鑿的泉源。

修善寺溫泉

修禪寺

停留時間
1小時

10:30

由弘法大師空海於平安初期大同二年(西元807年)設立，據說鎌倉幕府的第二代將軍源賴家，曾經在此被外祖父北條時政與母親北條政子幽禁而殺害。現在幽靜的寺院裡已感受不到血腥的骨肉相爭，只剩下秋天燦紅的楓葉留做憑弔。

時間 自由參拜。寶物殿4~9月8:30~ 16:30、10~3月8:30~16:00 **價格** 免費參拜。宝物殿大人¥300，國中小學生¥200 **網址** shuzenji-temple.jp

靜岡縣

步行
1分

走出修禪寺山門，正對面正是五橋之一的渡月橋。

修善寺溫泉

五橋巡禮

11:30

以桂川為中心點，修善寺溫泉所有的寺院及商店、旅館幾乎分布在河岸兩側，並以一座座小巧的紅色橋串聯，包含渡月橋、虎溪橋、桂橋、楓橋、滝下橋這五座，穿梭完五座橋，也剛好把修善寺溫泉一帶的精華逛遍了。

停留時間
1小時

時間 自由參觀

步行
3分

鄰近虎溪橋與竹林小徑，餐廳外觀看起來是很氣派的建築跟庭園，不用怕，走進去就對了。

修善寺溫泉

花小道 そば処四季紙

停留時間
1小時

隱身在「湯の宿 花小道」這棟有著濃厚大正時代風情旅館內的そば処四季紙，因面著桂河的位置，讓用餐也充滿京都優雅風情。這裡的蕎麥麵特色在於不管點哪種麵的餐點，光麵體就有菊薯、更科、神農黑米、讚岐4種選擇。

地點 11:30~14:00 **休日** 不定休 **價格** しいたけそば(椎茸蕎麥麵)¥880 **網址** www.hanakomichi.jp/shikishi/

步行 2分 往桂橋方向走，竹林小徑入口一端就在橋邊。

修善寺溫泉

竹林小徑

13:30

停留時間
20分

吃完午餐來這裡散步剛剛好，長270公尺的竹林小徑，兩旁是一枝枝筆直翠綠的粗竹，營造出一種與世隔絕的氛圍，道路鋪設自然石，耳畔傳來風吹動竹葉的沙沙聲，充滿詩情畫意，怪不得許多文人墨士特別鍾愛來此尋找靈感。

時間 自由參觀

微風吹來沙沙作響，一定要花點時間坐下來閉眼靜心聽聽看。

步行 10分 往茶庵雖然不遠，但巷弄彎彎曲曲、十分容易迷路，也可以源範賴的墓為指標，比較容易找。

修善寺溫泉

茶庵 芙蓉

14:00

停留時間
1小時

穿過綠意盎然的庭院,灑滿陽光的日式茅廬,敲敲銅鑼呼喚老闆應門,鋪上榻榻米的室內傳遞溫馨與安適氣息。透過廊緣欣賞群山與市街,茶煙裊裊、和菓甜入心脾,待一整個午後也不厭倦。

時間 10:00~16:00

休日 不定休

精緻茶點配上一杯好茶,感受古老溫泉街的美好風情。

步行
10分

新井旅館在獨鈷之湯附近,如果時間還充裕,也可去泡泡足湯後再過去。

靜岡縣

住宿推薦

新井旅館

新井旅館自明治5年(1872年)創業以來,一直是文人墨客鍾愛的雅宿,已被列為國家有形登錄文化財的新井旅館,是彌足珍貴的文化資產,光住在裡面,絕對獨特。

交通「修善寺溫泉」巴士站下,徒步3分　**時間** Check-in 15:00、Check-out ~11:00　**網址** arairyokan.net

新井旅館住客專享導覽

歷史悠久的修善寺溫泉,深受明治、大正期許多文學、藝術家的喜愛,讓這個溫泉區也充滿濃濃文學氛圍。其中以岡本綺堂、泉鏡花、芥川 龍之介、尾崎紅葉等住過的「新井旅館」最為知名。

時間 10:00、16:00各一場(每場10~20分鐘)(活動開始前在大廳集合)　**價格** 限新井住客,免費　**網址** arairyokan.net/guide.html

Stay!

DAY2

山頂360度 的絕美
景色令人屏息。

Start!

09:30 ¥260

早起後把修善寺溫泉區漫步一圈,享受這
處秘境溫泉的晨光後再出發。

| 修善寺駅 東海巴士 | 巴士 10分 |

¥310

| 伊豆長岡駅 JR東日本 | 電車 15分 |

¥230

| 伊豆の国市役所 伊豆箱根巴士 | 巴士 15分 |

伊豆長岡

伊豆之國全景公園

10:30

停留時間
1.5小時

伊豆之國全景公園有一座全
長1,800公尺的纜車,順著山
勢往上就能抵達標高452公尺的葛城山山頂展
望公園。觀景台周邊有咖啡、茶寮、觀景台等設施
外,順著山頂步道遊覽,還有各式展望絕景的咖啡
座位設計、富士見足湯。

時間 纜車:夏季 (2/16~ 10/15)9:00~17:30(最後乘
車時間17:00);冬季(10/16~2/15)9:00~17:00(最後乘
車時間16:30) 價格 纜車:往返大人¥2,500、小學
¥1,400、兒童¥900 網址 www.panoramapark.
co.jp

| 纜車 7分 |

旬彩市場就在纜車山下入口旁。

伊豆長岡

旬彩市場

停留時間
1.5小時

2層樓的廣大商場內,簡直太
好逛,有駿河灣知名櫻花蝦產
品區、山葵商品區、茶區、修善寺的椎茸各式品
項、反射爐商品專區、伊豆鹽專區、酒專區、蔬果、
手作物,一次滿足不同需求。午餐就在這裡一起享
用吧。

時間 夏季9:00~17:50,
冬季9:00~17:20

12:00

源自靜岡設計的胖胖酷豬
(パンパカパンツ)。

パンパカパン

¥230

| 巴士 15分 | 伊豆長岡駅 伊豆箱根巴士 |

江戶幕府時期鑄砲場地，在2015年登錄為世界文化遺產。

伊豆長岡

14:30

韮山反射爐

停留時間 **1.5**小時

與下田黑船事件有關的「韮山反射爐」，為當時負責鑄造大砲之地。保存良好的反射爐，加上碩大拔地而起的煙囪矗立，造型相當醒目，在資料館先看歷史與解說後，再直接走到煙囪底下，或爬高到觀景台將煙囪與富士山一併入鏡。

時間 9:00~17:00(10~2月至16:30) 休日 每月第3個週三 價格 大人¥500、學生兒童¥50

靜岡縣

Tips

前往韮山反射爐沒有巴士前往，除了走路(單程30分)、搭排班計程車外(單程約¥850、車程5分)，也能騎單車去。距離車站約2公里、路途平坦，沿途有田園景致，富士山美景也隨伺在側。伊豆長岡站前旅遊中心有單車租借服務。

時間 9:00~17:00 價格 一般單車1日¥500、電動單車1日¥1,000

單車 **10**分

如果租單車，記得在旅遊中心結束營業時回去還車喔。

17:00

伊豆長岡駅 JR東日本

Goal !

富士宮、沼津、御殿場
鐵道微笑之旅2日

富士山街道　富士宮炒麵　懷舊鐵道　漁港海鮮　OUTLET

富士宮～沼津～御殿場，分別以身延線、東海道本線、御殿場線三條鐵道串成一個環繞富士山的U字型，不管怎麼搭，都有富士山美景隨伺，不微笑才怪呢。

DAY1

09:30 富士宮駅
富士山本宮 淺間大社
お宮横丁／午餐

13:40 吉原駅
岳南電車
岳南富士岡駅
吉原本町駅

17:00 沼津駅
沼津駅周邊飯店

DAY2

09:00 沼津駅
09:30 沼津港魚市場INO／早餐
沼津港水門BYUUO

13:00 御殿場駅
13:30 虎屋
御殿場PREMIUM OUTLETS

19:00 OUTLETS長途巴士站

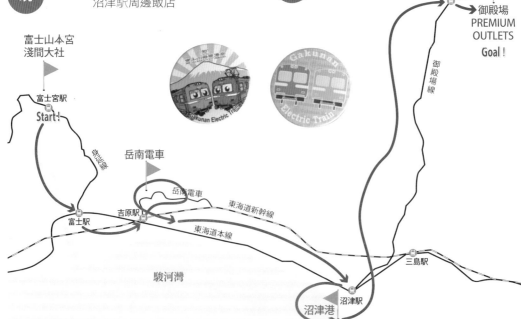

富士山本宮
淺間大社

富士宮駅
Start！

岳南電車

岳南電車

身延線

吉原駅
富士駅

東海道新幹線
東海道本線

駿河灣

沼津駅
沼津港

三島駅

御殿場駅
御殿場
PREMIUM
OUTLETS
Goal！

御殿場線

環繞富士山的鐵道之旅
精彩吃玩買不停歇！

Point!
利用鐵道串聯這三個富士山腳下的城鎮，雖在不同鐵道路線上，但其實大都只離30分鐘左右的車程。

DAY1

Start！

09:30　富士宮駅
JR身延線

聖山腳下最美的世界遺產。

往左側站前大通，一直走到富士山世界遺產中心，淺間大社就在一旁朱紅大鳥居後方不遠處。

步行 14分

富士宮

富士山本宮 淺間大社

10:00

停留時間 2小時

日本全國1,300間淺間神社的總本宮、富士信仰中心，正是這裡。淺間大神其本尊就是富士山，大社歷史可溯至平安時代，朱紅色主殿為德川家康所贈，對稱優美的雙層結構被稱為「淺間造」樣式。可順道參觀富士山世界遺產中心，其建築美到讓人驚嘆。

時間 5:00~20:00(依季節調整)　**價格** 免費參拜
網址 fuji-hongu.or.jp/sengen

步行 1分

在大社前紅色鳥居外面，便是お宮橫丁。

富士宮

お宮橫丁

12:00

停留時間 1小時

逛完宏偉華美的淺間大社，剛踏出大鳥居，對面的お宮橫丁正飄出濃郁香氣。各式小吃雖然很誘人，但不能錯過的絕對是大名鼎鼎的富士宮炒麵。醬香料足的粗鐵板麵放上一顆黃澄澄的半熟蛋，美味沒話說，各家都有擁護者，找家看順眼的就進去吃吧。

時間 10:00~17:30，夏季10:00~18:00

橫丁裡到處都有賣富士宮炒麵的店家。

步行 12分

沿原路走回去富士宮駅。

身延線搭到富士駅，需再轉
換東海道本線到吉原駅。

吉原駅
東海道本線

電車
30分

¥330

可早點進站欣賞一下這個懷舊老車站，再搭
乘14:00出發的岳南電車。

富士市

吉原駅　13:40

停留時間
10分

富士山ビュースポット
Mount Fuji view spot

吉原駅是連接JR東海道本線
與岳南電車的車站，也是岳南
電車少有的有人車站之一。吉
原駅是靜岡縣東部最老的車
站之一，1889年便已設立，目
前車站內，仍看得到舊式車鈴
與用鐵軌架起的車站支架等，
十分復古懷舊。

Tips　想要耍小文青，搭上這個
懷舊氣氛滿點的鄉村列車
準沒錯！岳南電車從吉原
出發，底站就是孤立的一
站，跟任何鐵道都不接，只能再搭回
頭，只要隨便下車2次，就值得買一張
一日券車票了。

富士市

岳南電車　14:00

一路穿越數座突起大煙囪
的製紙廠，全線長9.2公里、
10個車站，早期主要為紙工廠
運送貨物。保留著硬式票卡，現在繼續服務當地
居民，運行沿線各處能望向富士山的美麗車窗風
景，對旅人是再美不過的鐵道體驗。

區間 吉田駅～岳南江尾駅　**時間** 約6:00~22:00，
約30分鐘一班車　**價格** 吉田駅～岳南江尾駅
¥370；一日券¥720(小孩¥310)　**網址** www.
gakutetsu.jp/

因塗裝顏色暱稱為紅、
綠青蛙列車，背景襯富
士山怎麼拍都美。

¥310
電車 **14**分
岳南 富士岡駅
岳南電車

富士市
岳南富士岡駅

14:20

停留時間 **40**分

提到岳南電車的車站絕對不能忘了岳南富士岡。車站早期與比奈駅同樣是用來運輸工廠製品，現在則因存放著數台古老機關車，成為鐵道迷探訪的必遊景點。目前只在通勤時間駐有站員，平常則是無人車站。車站一側有檢修設備，車庫內停放著現役列車。

搭乘15:02分的電車往吉田駅方向。

¥220
電車 **10**分
吉原 本町駅
岳南電車

富士市
吉原本町駅

15:10

停留時間 **1.5**小時

位在舊吉原市中心的吉原本町駅，周邊有許多商店與住宅，其中吉原商店街中有許多好吃好玩的店舖，不妨搭上岳南鐵道來這裡散散步，嚐一嚐當地才有的特色美食。

步行 **8**分

喫茶Adonis這家老派喫茶店，拿坡里番茄沾麵是必吃招牌！鹹香滋味讓人回味無窮。

步行 **1**分

杉山フルーツ是吉原市區的老牌水果店，也上過電視報導，新鮮現作的水果果凍最受歡迎！

走路7分，搭乘14:41班次回到吉原駅(5分、¥220)。

步行 **7**分

¥330
電車 **14**分
沼津駅
東海道本線

轉搭東海道本線，晚上就在沼津駅周邊飯店住一晚。

Stay!

每日都能吃到駿河灣
美味的新鮮海味。

Start !

09:00 ¥200

🚌 沼津駅
東海道本線

巴士 **14**分

🚐 千本港町
伊豆箱根巴士

步行 **7**分

沼津

沼津港魚市場INO

09:30 早起搭上往沼津港循環巴士，大啖新鮮海鮮吧。沼津港集漁

停留時間
1小時

港、市場與餐廳於一地，每逢週末假日盛況非凡，到處擠滿來漁港嚐鮮的遊客。臨近餐廳很多，或這裡的3樓就有3家餐廳可一飽口福。

時間 朝市競標賣會5:45~7:00，餐廳約10:00~21:00(各店營時不一) **網址** www.numaichi.co.jp

步行 **12**分

雖然就在魚市場旁，但得繞港一圈走過去。

沼津

停留時間
30分

沼津港水門BYUUO

連結沼津港內港與外港航線，高9.3、寬40公尺的水門為日本最大規模。建造主目的是為防止海嘯襲來、造成港口損壞。水門的頂上也設置了展望台，讓人到離地面30公尺的展望迴廊，360度眺望愛鷹山、富士山與駿河灣。

時間 10:00~20:00，週四10:00~14:00 **價格** 大人¥100，小孩¥50 **網址** byuo.jp

11:00

¥200

巴士 **15**分

🚐 沼津駅
伊豆箱根巴士

落日時的港灣剪影
也十分優美。

御殿場店限定的「四季の富士」美到捨不得吃。

¥420
電車
30分

御殿場駅
JR御殿場線

步行
7分

御殿場
虎屋

13:30

停留時間
40分

於京都發跡的和菓子老舖「虎屋」，從室町時代便是獻給天皇的御用菓子舖，創業至今已有近五百年歷史，約於明治時期將本店轉移至東京。最著名的虎屋羊羹更是人氣商品，附設有茶寮，可以坐下來品嚐美味。

時間 10:00~18:00，虎屋菓寮11:00~17:30(L.O.17:00) **休日** 元旦、2/15 **網址** www.toraya-group.co.jp

走路回御殿場駅，在車站的乙女口等候OUTLET免費接駁車，每15分鐘一班次、免費。

御殿場
巴士
10分

停留時間
4小時

御殿場
PREMIUM OUTLETS

15:00

在富士山環繞的景致中享受購物，可說前所未有。超過200多家商店、80%~60%的驚爆折扣、本地與進口高級名牌貨品齊全、顏色款式尺寸選擇多樣等優點，都是人潮爆滿最大原因，很多人遠從東京前來都覺得划算。

時間 3 -11月10:00~20:00，12-2月10:00~19:00 **休日** 每年2月第3個週四 **網址** www.premiumoutlets.co.jp/gotemba/

直接從OUTLETS往返東京的直達巴士班次很多，注意時間並買好回程班次後，就可以盡情血拼了！

19:00

日本最受歡迎的OUTLETS之一。

Goal！

靜岡市V.S清水市歷史與動漫合體2日遊

🏷 綠茶NO1　德川家康　小丸子　日本平　清水　遊覽船　三保松原

靜岡市前身駿府城為德川家康所打造,富士山伏流水也造就靜岡成為日本茶產第一。清水市則是小丸子的故鄉,「小丸子園地」讓人樂不思蜀,三保松原更浮世繪的名場面。

DAY1

早
09:00 靜岡駅
10:00 **日本平**
　　　久能山東照宮
　　　日本平夢テラス
　　　日本平纜車站/午餐

午
14:30 **靜岡駅**
　　　小山園
　　　Maruzen Tea Roastery
　　　吳服町通り

晚
　　　青葉おでん街/晚餐
19:30 **靜岡站前飯店**

DAY2

早
09:30 靜岡駅
10:00 **清水駅**
　　　清水魚市場 河岸の市/早餐
　　　水上巴士

午
12:20 清水夢幻廣場/午餐

晚
17:00 清水駅

JR清水駅
Goal!
新清水駅
清水魚市場 河岸の市
🚏水上巴士
靜岡清水線
清水夢幻廣場
三保松原
吳服町通り
新靜岡駅
東海道本線
東海道新幹線
日本平
🏯九能山東照宮
靜岡駅 **Start!**

德川家康跟小丸子爺爺都愛的
靜岡、清水，親子遊最愛

靜岡縣

Point! 靜岡市跟清水市只須搭上電鐵12分鐘就到，超級便利。

Start！ **DAY1**

搭乘纜車5分鐘就能到達久能東照宮，節省體力又舒適。

09:00

🚌 靜岡駅
東海道本線

巴士 **60**分

🚃 日本平夢テラス
靜鐵巴士

一早先往日本平去，搭車前推薦必買「巴士券+東照宮+纜車套票(¥2,630)」！

日本平

久能山東照宮 **10:00**

停留時間 **1**小時

位在俯瞰駿河灣的日本平山巔，金碧輝煌的氣勢，色彩斑爛的細膩雕刻樣樣是精品，從山門到本殿層層分佈，對稱優美的「權現造」格局，成為日後日光東照宮等社寺的建築典範。

時間 8:30~17:00，10月~3月至16:00 **價格** 參拜與博物館共通券：大人¥800(高中生以上)，兒童¥300 **網址** www.toshogu.or.jp/tw/

Tips 德川家康晚年都在駿府城度過，也遺言要葬在久能山，這裡可說是日本東照宮建造的始祖，因完整保留當時樣式，而被列為國寶建築。

步行 **2**分

🚃 日本平駅
日本平纜車

搭纜車回到起點，纜車站對面就是大名鼎鼎的日本平夢テラス。

日本平

日本平夢テラス **11:10**

停留時間 **2**小時

午餐就在纜車站旁享用完畢，再走過去日本平夢テラス。位在海拔300公尺、由建築大師隈研吾所設計的展望台建築，包含1樓資料展示室、2F咖啡廳與3F的展望台，環狀木棧道迴廊設計，360度奢侈景致、美的讓人不想離開。

時間 9:00~17:00，週六9:00~21:00 **休日** 每月第2個週二、12/26~12/31 **價格** 免費 **網址** nihondaira-yume-terrace.jp

巴士 **60**分

🚌 靜岡駅
靜鐵巴士

站前北口是靜岡市區最熱鬧的商業區，從地下商店街串過去最便利。

由建築大師隈研吾操刀，光建築本身也很有看頭。

步行 9分

靜岡市
小山園

14:30

停留時間 30分

創業於1865年，掌握許多高品質茶之外，職人製茶精神也讓他的各式茶葉都獲獎無數，從一般家庭用茶、到名人得獎製茶都有，其抹茶粉更在抹茶控之間地位排名至少前三名，100g價格從1、2千日幣到上萬日幣都有，也是入手目標。

時間 10:00~19:00 **網址** www.koyamaen.co.jp

步行 3分

靜岡市
Maruzen Tea Roastery

15:00

停留時間 1小時

宛如咖啡館的純白簡約摩登空間內，提供各式精品焙茶。由丸善製茶老舖開設，提供可以選擇茶葉烘培度的茶飲。綠茶口味義式冰淇淋也有相同烘培度選擇外，再多一個0度烘培，僅在茶葉蒸過乾燥後就碾碎製冰，是冰淇淋的專屬限定版。

時間 11:00-18:00 **休日** 週二 **價格** 玉露¥650，義式冰淇淋¥550~ **網址** www.maruzentearoastery.com

店內用茶採小量烘培，為了提供顧客最新鮮風味。

Tips

靜岡市是綠茶重要集散地，市區中有許多由茶商直營的茶咖啡店網羅各地茗茶。在這日本最大的茶集散中心，推陳出新供應千變萬化的茶甜點，是綠茶控決不能錯過的找茶聖地。

步行 1分

市區內主要店家、百貨大都位在吳服町通り上，週末還會變成步行者天國。

靜岡市

吳服町通り

16:00

停留時間
2小時

JR靜岡站前約700公尺長度的吳服町通り，可說是靜岡市最熱鬧的商店街，不論要老舖、特色美食、居酒屋、年輕新玩意、百貨公司、藥妝、茶屋、書店、美術館、公園，真的是應有盡有。

時間 10:00~20:00(各店營時不一)。《步行天國》六日與假日11:00~18:00

週末一到，購物街會變成步行者天國。

步行 5分

吳服町通り會串接青葉通這條公園大道，從這裡左轉直走就會到青葉黑輪街。

靜岡市

青葉おでん街

18:00

靜岡的黑輪相當有名，幾乎到處食堂裡都有供應，但像這樣以黑輪為主題形成的一條街，還真是有趣。這裡約有20多家小舖集結，除提供黑輪外，各家也另有其他豐富特色菜單。

時間 16:30~24:00(各店營業時間稍有不同)

休日 週三

步行 15分

沿青葉通、吳服町通り再走回到靜岡駅北口。

飄散昭和氛圍的黑輪一條街，小丸子故事中爺爺也曾在此出現喔。

住宿推薦

Hotel ASSOCIA靜岡

位在靜岡站北口優勢位置的4星級飯店，房型多樣外，整體設計摩登新穎、氣氛優雅又沉穩，讓人從大廳進入開始，就充分感受到舒適放鬆的度假氣氛。

交通 靜岡站北口徒步1分　**時間** Check-in 14:00、Check-out ~11:00　**網址** www.associa.com/sth/

Stay!

DAY 2

Start!

Tips 從靜岡出發要搭靜鐵還是東海道本線?如果從地圖上看好像搭靜岡鐵道很合理,但從便利性上,還是東海道本線勝出喔,東海道本線串聯靜岡市中心到清水港魚市,這樣玩,路線最順。

09:30 ¥240

🚃 靜岡駅
東海道本線

清水鮪魚產量是日本第一,來這裡必吃。

電車 **12**分

🚃 清水駅
東海道本線

步行 **5**分

下車後,沿著指標走上天橋前往魚市場方向。

10:00

清水市

清水魚市場 河岸の市

停留時間 **1.5**小時

清水港現撈的海產,集中在面對港灣的河岸の市中。河岸の市分為鮪魚館與市場館,鮪魚館主要為魚鮮販售,也有部分餐飲,若加上いちば館(市場館)兩館共有10來家餐廳,海鮮丼飯料多又大碗,是漁港直送才有的特權。

[時間] 市場館9:30~17:30,各店家營時不一 [休日] 週三 [網址] kashinoichi.com/

步行 **1**分

水上巴士的搭船處就在魚市邊,一旁有自動售票機。

清水市

搭船時間 **40**分

水上巴士

11:30

來到清水,幾乎清水魚市 & 夢幻廣場都會一起安排,想要玩得順暢又有點不一樣的趣味,建議可以用船跟巴士來串連兩邊喔。搭乘前往夢幻廣場,沿途可欣賞海港風景與遠山外,還能餵食海鷗,非常有趣!

[路線]《水上巴士》江尻(JR清水駅、河岸の市前)→日の出(夢幻廣場) [時間] 10:15~16:15,每小時一航班,去程經(三保松原)船程35分鐘;回程船程10分鐘 [價格] 單程¥500(小孩半價) [網址] www.shimizu-cruise.co.jp/waterbus/

坐上水上巴士,飽覽沿岸景色。

¥500

搭船 **35**分

⛴ 日の出
水上巴士

好玩推薦

小丸子樂園

重現動畫中常見的教室、公園、客廳、房間場景,來這裡一定要報到呀～

價格 大人¥1,000,3歲～小學生¥700

Tips
抵達清水廣場盡情玩到晚上,再利用夢幻廣場提供的免費巴士回到清水站,這樣剛好海陸一圈。

區間 《接駁巴士》夢幻廣場→靜鐵新清水駅→JR清水駅 地點 10:00~22:00,平日每30分一班、假日15分一班,車程10分 價格 免費

清水市

12:20 清水夢幻廣場

停留時間
4小時

臨海港的清水夢幻廣場,結合電影院、主題樂園、購物、餐廳等複合功能,包括小丸子博物館以及壽司博物館、兒童樂園。清水壽司橫丁內則集合全國的壽司名店,而駿河土產橫丁則有從茶類到櫻花蝦等靜岡特產,特別是琳瑯滿目的小丸子商品,更是別處找不到。

時間 10:00~20:00(各店營時稍有不同) 網址 www.dream-plaza.co.jp

靜岡縣

好玩推薦

清水壽司博物館

宛如穿街弄巷般的的江戶、明治時代的清水橫丁再現,好玩好拍,又兼具知識性。

價格 大人¥500,4歲～小學生¥200

好玩推薦

摩天輪

清水夢幻廣場最標誌性的地標,當然就是這座高達52公尺的摩天輪,登高望遠,美呆了。

價格 1人¥700(15歲以上購票者1人,可攜帶3名兒童)、0~2 免費

搭車
10分

免費接駁巴士從夢幻廣場出發,先抵達靜鐵新清水駅、再抵達JR清水駅。

17:00

JR清水駅
東海道本線

Goal!

靜岡之南～濱名湖
懷舊鐵道之旅1日

🏷 濱松　濱名湖　遠洲　懷舊鐵道　天濱線鐵道　古寺　鐘乳石洞

從濱松到濱名湖之間，博物館、景觀花園、遊樂園等林立，是靜岡西部最熱門的旅遊區。除了這裡，其實還有一條充滿昭和老風情的鐵道，是鐵道迷間口碑相傳的心頭好，長長的內陸鐵道穿越不少德川家康奠基地的相關史蹟，值得一一探秘。

	09:00 掛川駅 **天龍濱名湖鐵道** **09:40 遠江一宮駅** 小國神社／午餐
午	**12:20 天龍二俣駅** 天龍二俣駅(車站建築) 気賀駅 龍岩洞 龍潭寺
晚	**17:30 濱松市** 濱松餃子／晚餐 **19:00 濱松駅**

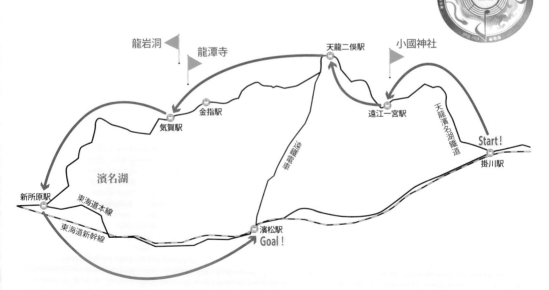

天濱線懷舊鐵道～中途下車小旅行

Point!

全程39個站、單程就須約2.5小時的天濱線鐵道,站點很多、每30分鐘一次,大約一天只能挑個3~4個站下車,不要貪心,才能玩得盡興。

Start!

08:56 掛川駅 天濱線

這裡是天濱線的起點,就從這裡出發吧!

天龍濱名湖鐵道

簡稱天濱線,橫跨靜岡西部的歷史廊道,將旅客帶到那時而紛亂悲壯、時而平靜浪漫的華麗年代。許多列車從昭和初期鐵道開通後,便沿用至今,保存完好的木造車站古色古香,被指定為國家文化財,是鐵道迷必訪路線。

時間 6:30~~22:30(每小時1~2班次) **價格** 單程依里程計費,掛川駅~新所原駅(2小時13分、¥1,470)

網址 www.tenhama.co.jp/about/station/

Tips

天濱線鐵道以距離計價,挑個幾站下車,一天也要上千日幣,可以選擇天濱線1日券,或是天濱線一半路線+遠洲鐵道的1日券,可視行程規劃購買。

價格 天濱線鐵道1日券¥1,750、兒童¥880

電車 35分

遠江一宮駅 天濱線

走路30分,或搭乘計程車程10分前往小國神社。

遠江一宮駅(小國神社)

09:40

停留時間 2小時

這一帶以往稱為遠江國,當時最高層級寺院稱為一宮,小國神社便是屬於一宮的崇高地位。創建至今超過1400年,雖曾因大火而有重建,但不損其神聖與重要歷史地位。境內有著30萬坪的巨木森林寺域,讓這裡四季充滿自然美景,參拜完可小小散步一下。

時間、**價格** 免費自由參拜

網址 www.okunijinja.or.jp/

搭乘11:59繼續往下一站,務必注意班次時間,依車次安排每站停留時間。

社寺內栽植櫻、梅、菖蒲花,秋日則楓紅落葉繽紛,美不勝收。

電車 **14**分 ｜ 天龍二俣駅 ｜ 天濱線

12:20

天龍二俣駅

停留時間 **2**小時

天龍二俣駅已指定為國家文化財,古樸氣息縈繞站內,除了車站本體、扇形車庫、運轉台、指令室等都是參觀重點。而步行10分距離內還有2個相當特別的美術館,浜松市秋野不矩美術館、本田宗一郎工藝中心,很適合一起順遊。

網址 www.tenhama.co.jp/about/station/tenryufutamata/

電車 **30**分 ｜ 気賀駅 ｜ 天濱線

搭乘13:50的班次前往気賀駅。

停留時間 **2.5**小時

気賀駅

14:30

気賀駅是即將接近濱名湖的前一站,這一站最值得探訪的有龍岩洞及龍潭寺,但因距離車站都有點距離,務必預留足夠的往返交通時間。雖然金指駅下車有巴士可以前往,但考慮時間問題,從気賀駅搭計程車,會比較有效率。

必訪推薦

龍岩洞

龍岩洞是東海地區最大的鐘乳石洞穴,石筍、鐘乳石光華生輝,長達1公里相當令人驚艷。

車程 計程車12分　費用 門票大人¥1,000、中學生¥600、小學生¥600

必訪推薦

龍潭寺

龍潭寺最知名的便是其庭園,是由江戶前期的藝術家小堀遠州所作,其以革新切石法打破傳統構圖,禪風中更見華麗。

車程 計程車5分　費用 門票大人¥500、中小學生¥200

大約17:00抵達天濱線底站，在這裡換乘東海道本線前往濱松駅。

新所原駅 天濱線

電車 45分

¥510

濱松駅 東海道本線

電車 20分

天濱線從気賀駅開始，路線就開始沿著美麗的濱名湖前行，大約30分鐘的車途上，都能邊賞美景，是一段不下車的湖濱賞景路線，輕鬆又悠閒。

好吃名店

濱松餃子

17:30　　全日本最愛餃子的地區，莫過於東邊的宇都宮，以及西邊的濱松。濱松市區中有超過300家餃子店，體型嬌小的餃子一口一個剛剛好，排成圓型與搭配豆芽菜為濱松獨有的特徵，光車站周邊名店就很多。

停留時間
1小時

靜岡縣

濱松Tanto

使用濱松所在的遠州特選食材，「遠州之夢」豬做成絞肉，美味沒話說。(車站南口走路1分)

好吃名店

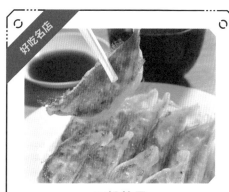

石松餃子

滿滿的高麗菜比肉還多，清甜健康的口感大受女性喜愛。(濱松駅內1F)

19:00　濱松駅 東海道本線

Goal !

長野縣排行程入門指南

群馬縣
栃木縣
埼玉縣
茨城縣
千葉縣
長野縣
東京都
神奈川縣

位在日本中央的長野縣被高山群繞，豐富的天然資源造就多種樣貌；境內三大山脈飛驒、木曾、赤石有日本阿爾卑斯之稱，活火山淺間山、知名的避暑勝地輕井澤、體驗城下町繁華之美的松本，以及澁溫泉的九湯巡遊，感受變化萬千風情。

Q 我到長野縣觀光要留幾天才夠？

Q 天氣跟台灣差很多嗎？

Q 什麼季節去最美？

A 長野縣有北陸新幹線串聯，從東京過來只要60~90分鐘，且JR(東日本、西日本及東海)都在這裡串連，城市間的往返快速。不論當日往返，或2~3天都很容易安排，可直結草津溫泉、名古屋、新潟、立山黑部等，也成為旅人延伸旅行的便利中繼點。

A 長野境內多高山，光3,000公尺高山就達15座，整體縣境大都在高原之上，也讓長野縣年均溫低，造就輕井澤成為著名的避暑勝地，夏季高溫也不超過25度，日夜溫差大；但冬季也相對較冷、降雪量不小，相較札幌的冬季大約不相上下，冬季大都在0度左右、甚至更低。

A 四季非常鮮明就是長野縣的季節標誌，光冬季這裡成為滑雪勝地，就知冬季雪量不少；高原山區的紅葉，更是璀璨盛放；夏季的優雅綠葉、整個高原度假風格悠閒；春季的新芽及花海也是盡吐芬芳。內陸的特色也讓這裡年均雨量少，四季出遊更盡興。

有了基本認識後，現在就來打造最適合自己的旅遊行程吧！

從機場、東京要搭什麼車前往長野縣

TIPS!

長野縣位於東京跟日本北陸的中間，以新幹線串聯，從東京搭新幹線或從金澤搭新幹線抵達長野站都是90分鐘；從東京到輕井澤只需1小時，一日來回都沒問題。

成田空港→長野縣

高速巴士

◎ALPICO交通

路線名	目的地	時間	價格
ALPICO交通	長野駅(夜行高速巴士)	一日一班 20:45~6:33	¥7,000~7,500

東京近郊路線圖

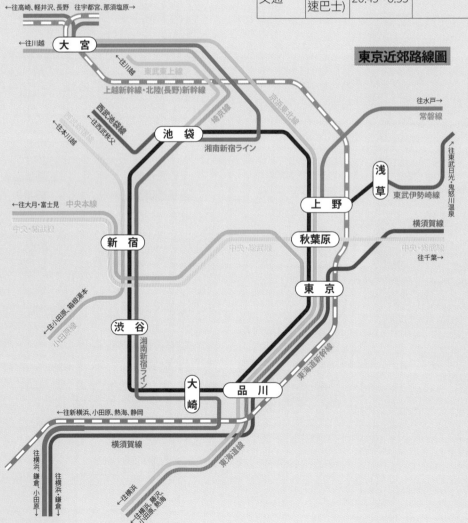

←往高崎、輕井沢、長野　往宇都宮、那須塩原→

←往川越　大宮

←往川越　東武東上線

上越新幹線・北陸(長野)新幹線

西武池袋線

←往西武秩父

池袋　埼京線

湘南新宿ライン

京浜東北線

往水戸→
常磐線

浅草

↑往東武日光、鬼怒川温泉

東武伊勢崎線

←往大月・富士見　中央本線

中央・総武線

上野

秋葉原

横須賀線

中央・総武線
往千葉→

新宿

中央・総武線

←往小田原、箱根湯本
小田原線

渋谷

湘南新宿ライン

東京

大崎　品川

東海道新幹線

←往新横浜、小田原、熱海、静岡

横須賀線

東海道線

←往横浜、鎌倉、小田原

←往横浜、鎌倉→

←往横浜、熱海
←往横浜、鎌倉、小田原、熱海→

東京→長野縣
鐵道

路線名	目的地	交通方式	時間	價格
JR東日本	長野駅	從東京駅、上野駅可搭新幹線前往	約1小時30分	¥7,810
	軽井沢駅	從東京駅、上野駅可搭新幹線前往	約1小時	¥5,490
	松本駅	從長野駅搭乘JR信濃線前往	約1小時	¥2,900
長野電鐵	湯田中駅 (澀溫泉)	從長野駅可搭「長野電鐵(特急)」至湯田中駅	約50分	¥1,900

高速巴士
◎高速巴士訂票

路線名	目的地	時間	價格
ALPICO 交通	新宿駅BT ⟷長野BT	單程約 3小時30分	¥3,500 ~5,100
	新宿駅BT ⟷松本BT	單程約 3小時20分	¥2,800 ~4,000
西武觀光巴士	池袋駅東口 ⟷軽井沢駅	單程約 3小時20分	¥2,600

※票價依淡旺季不同

長野縣的
馬上看懂
東西南北

我要住哪一區最方便？

跨縣市的旅遊行程，選擇交通便利的地方住宿準沒錯！

❶輕井澤周邊：

輕井澤是長野縣最受歡迎的度假高原勝地，無論夏季避暑、冬季滑雪，都很夯，度假飯店、民宿很多，加上交通便利，也有新幹線抵達，又有OUTLET，非常適合成為度假住宿首選。

❷長野市：

作為長野縣首要城市，因過往是冬季奧林匹克舉辦地，因而交通路線四通八達，以這裡為住宿處，周邊旅遊景點不少之外，往松本、諏訪、湯田中、北陸各縣等，透過鐵道、新幹線串聯都很快速便利。

❸松本市：

更接近日本阿爾卑斯山脈區域的這個高原城市，除了古老松本城展現歷史悠遠氛圍，城市內景點也不少，更是前往上高地必經城市，也可串接立山黑部之旅、鐵道能直通名古屋也很便利。

長野縣

147

要搭車前先搞懂
這1張區域交通路線圖！

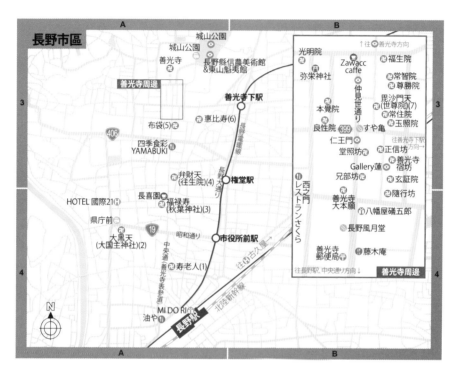

長野市區

城山公園
城山公園
善光寺
長野縣信濃美術館
&東山魁夷館

善光寺周邊

善光寺下駅

布袋(5)　　惠比寿(6)

406

四季食彩
YAMABUKI

弁財天
(往生院)(4)　　権堂駅

長喜園　福禄寿
(秋葉神社)(3)

HOTEL 國際21

県庁前

19　昭和通り

大黑天
(大国主神社)(2)

中央通(善光寺表参道)

寿老人(1)　市役所前駅

往信州古久屋→

北陸新幹線

MI DO RI

油や

長野駅

N

善光寺周邊

↑往善光寺方向

光明院　　福生院

Zawacc
caffe

弥栄神社　　常智院
尊勝院

仲見世通り　毘沙門天
(世尊院)(7)

本覺院　　常住院
玉照院

良性院　399　すや亀

仁王門　　往善光寺下駅
堂照坊　　正信坊　方向→

Gallery蓮　善光寺
宿坊

兄部坊　　玄証院

西之門　　隨行坊
レストランさくら

善光寺
大本願　　八幡屋礒五郎

長野風月堂

善光寺　　藤木庵
郵便局

往長野駅、中央通り方向↓　　**善光寺周邊**

有什麼優惠車票適合我？

	JR東京廣域周遊券 JR Tokyo Wide PASS	JR東日本鐵路周遊券 (長野、新潟地區) JR EAST PASS (Nagano, Niigata area)	長野電鐵乘車券 長電フリー乘車券	スノーモンキーパス （SNOW MONKEY PASS）
使用區間	JR東日本線(區域間) JR東日本新幹線(區域間) 東京單軌電車 伊豆急行線全線 富士急行線全線 上信電鐵全線 埼玉新都市交通(大宮〜鐵道博物館) 東京臨海高速鐵道線全線 JR東日本與東武鐵道線互通軌道特急 東武鐵道線(下今市〜東武日光、鬼怒川溫泉的普通線)	從東京前往周邊縣，尤其還想從長野再延伸至北陸，就可以用這張。可搭區域包含 【JR東日本線】(區域間) 【JR東日本新幹線】(區域間) 【伊豆急行線全線】 【北越急行線全線】 【越後TOKImeki鐵道】(直江津〜新井區間) 【東京單軌電車全線】 【JR巴士】(區域內的高速巴士、部分公車路線除外)	包含 【長野電鐵】全路線各站，可於時間內不限次數，免費搭乘自由席及特急列車。分有2日券與1日券。	可於購入後連續使用2天。票券含 【長野電鐵】全路線、【長電巴士】(包含路線巴士、部分高速巴士)、【地獄谷野猿公苑】(入園費1次)
價格	成人¥15,000、兒童¥7,500	成人¥27,000、兒童¥13,500	**1日券**成人¥2,070，兒童¥1,040 **2日券**成人¥2,580，兒童¥1,290	成人¥4,000，兒童¥2,000
有效時間	連續3天	連續5日	1日、2日	2日
使用需知	・除了「埼玉新都市交通」外，在其他路線可走一般閘口。 ・欲搭乘指定席需劃位(不限次數) ・富士急行線「富士山特急」、「富士山View特急」1號車廂，與「富士登山列車」，均需另外付費。 ・「疾風」號、「鬼怒川」號、「日光」號等全車指定席列車，需劃位。 ・不能乘坐東海道新幹線及JR巴士。	・PASS票券皆適用自動票閘口。 ・若需搭乘東日本新幹線、特急列車的指定席，需利用網路、售票機或窗口另外預定。 ・日光區間的東武鐵道，搭乘規範視官網。 ・GALA湯澤站(臨時)僅於冬季〜春季期間對外開放。 ・無法搭乘東海道新幹線。	・購入票券可於未開始啟用日前退票。 ・未使用票的退票需酌收170手續費。	・限冬季發售。(約12月~隔年4月左右) ・票券有效日以購買日起算，下午才買也計算一日。 ・可連續使用2日。
售票處	1-事先於JR東日本網站購買，抵日後取票。 2-抵日後於售票窗口持護照購買。 3-自行於有護照讀取功能指定席售票機購買&取票。 4-機場及各大JR車站外，更多日本當地購票&取票地點詳見網站。	1-台灣代理店購買(抵日取票)。 2-JR東日本網路訂票系統(預訂&抵日取票)。 3-抵日後直接購買(窗口&售票機)。	長野電鐵長野駅、市役所前駅、權堂駅、善光寺下駅、湯田中駅等10個站購票。	長野電鐵長野駅、市役所前駅、權堂駅、善光寺下駅、小布施駅、湯田中駅等9個站購票。
官網				
購買身分	非日本籍旅客，購買需出示護照。	非日本籍旅客，購買需出示護照。	無限制	無限制

輕井澤～中輕井澤避暑
休閒輕旅行

輕井澤　高原度假　高原教會建築
榆樹小鎮　單車之旅　OUTLET

綠色森林高原、優雅度假別墅、教堂、小美術館…,從19世紀起,輕井澤因廣受外國人喜愛,而成為避暑度假名地,至今,依舊是日本人最愛、別具格調的度假首選,距離東京1小時車程,即使當日來回,都能享受悠閒不匆忙氛圍。

早
09:30 輕井澤駅
星野度假村
10:00 榆樹小鎮(HARUNIRE Terrace)
村民食堂／午餐

午
舊輕井澤銀座通
13:30 輕井澤蕭紀念禮拜堂
輕井澤觀光會館
CHURCH STREET
澤屋 舊輕井澤店

晚
17:00 輕井澤王子購物廣場
19:00 輕井澤駅

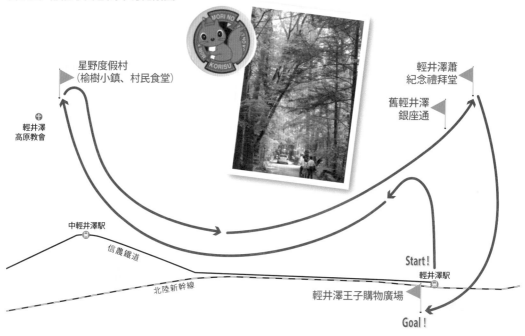

星野度假村
(榆樹小鎮、村民食堂)

MORI NO KORISU

輕井澤蕭
紀念禮拜堂

舊輕井澤
銀座通

✚ 輕井澤
高原教會

中輕井澤駅

信濃鐵道

北陸新幹線

Start！
輕井澤駅

輕井澤王子購物廣場

Goal！

享受悠閒又充滿氣質的
高原度假之旅～輕井澤

Point!

搭上新幹線,只需60分鐘,就能置身離東京最近的高原度假勝地。

Start !

`09:30`

輕井澤駅
JR北陸新幹線

北口站口外面就是巴士站。

¥500

巴士 **20**分

星野トンボの湯站
西武觀光巴士

想感受輕井澤的輕緩節奏,來這裡就對了。

往星野トンボの湯溫泉的方向走,就會看到。

步行 **4**分

`10:00`

中輕井澤

榆樹小鎮
(HARUNIRE Terrace)

停留時間 **1.5**小時

位在星野度假區玄關口,幾乎已成來中輕井澤必訪地。以「輕井澤的日常」為概念打造的木板小道上,百餘棵春榆提供了涼爽林蔭,林中矗立了數棟木屋、16間風格小店,可以享用餐食、逛逛雜貨舖,或是在咖啡廳消磨一個午後,融入輕井澤的悠閒生活。

時間 商店10:00~18:00、餐廳11:00~21:00。依店家而異 **網址** www.hoshino-area.jp/shop

`11:30`

中輕井澤

村民食堂

停留時間 **1**小時

除了榆樹小鎮,也可以多走幾步路到同屬星野集團的村民食堂用餐。這裡有著大面落地玻璃將室外風景引入室內,加上主打信州鄉土料理的美味餐點、價格合理,吸引許多人特地來。

時間 11:30~21:30(L.O.20:30) **價格** 定食套餐¥1,590起

巴士回程時會經過舊輕井澤站,可以在這裡下車。

¥420

巴士 **20**分

對面鄰近就是輕井澤高原教會,時間還夠的話,也可順遊。

長野縣

Tips 輕井澤跟中輕井澤的星野一日遊,最便利的就是從輕井澤北口1號巴士站,搭乘經由星野トンボの湯的西武觀光巴士,只需20分。且這條路線的巴士,會途經舊輕井澤,完全就是經典路線,比起信濃鐵道1小時才一班次、更方便。

步行 10分

先穿越整條銀座通商店街走到底,就會看到。

13:30

輕井澤

輕井澤蕭紀念禮拜堂

停留時間 **30分**

這裡是將輕井澤魅力推廣至全世界的英國傳教師、亞歷山大‧克羅夫多‧蕭(Alexander Croft Shaw)、於1895年在輕井澤建造的禮拜堂,也是當地最古老的禮拜堂,位於寂靜的森林中,木造建築感覺十分幽靜。

[時間] 9:00~17:00(冬季至16:00),禮拜時間之外皆可自由參觀 [休日] 不定休 [價格] 自由參觀 [網址] nskk-chubu.org/church/16shaw/

往回走到商店街。

步行 5分

14:10

輕井澤

輕井澤觀光會館

停留時間 **30分**

一路遊逛銀座通時,一定會被這棟優雅的建築吸引。洋式復古的木構建築,可說是代表輕井澤風格的經典,這裡除了提供旅客所需的旅遊資料與諮詢,二樓的展示空間有不特定的換展及固定展,還有一處旅客休憩座位空間及有料洗手間。

[時間] 9:30~17:00(夏季至18:00) [休日] 年末年始

[網址] karuizawa-kankokyokai.jp/tourist_association/

CHURCH STREET對面的老舖淺野屋,別錯過進去吃個麵包跟咖啡。

步行 2分

15:00

輕井澤

CHURCH STREET

停留時間 **50分**

大約位在銀座通中心位置,一旁是通往聖保羅天主教會的小徑。兩層樓中型購物廣場裡,集結20多間店舖,有手作雜貨舖Qcal Atelier、與民族風雜貨店MALAIKA,眾多個性小物讓人愛不釋手。

[時間] 購物、咖啡10:00~18:00、餐廳11:00~15:30 17:30~20:30(L.O.20:00),依季節而異 [休日] 不定休(冬日休日較多) [網址] www.churchst.jp

QCUL ATELIER,是一家以創作者們的手作品為主的店。

步行 5分

澤屋 舊輕井澤店

16:00

停留時間
30分

長野高原盛產的水果相當美味、製作成果醬風味也非常棒。以水果店起家的澤屋，是果醬必買名店，全部自製、低糖度且完全不加任何添加物，也有當季節生產的限定果醬。

時間 9:00~18:00(夏季會延長時間) **價格** ストロベリージャム(草莓果醬S)¥864 **網址** www.sawaya-jam.com/

美味果醬是必買伴手禮，車站裡也有分店。

Tips 冬季的輕井澤真的很冷，因此店家營業時間都會縮短，或甚至直接放寒假去，但也別擔心，至少還是有一半的店家持續營業，尤其OUTLET絕對不休，讓你買到大呼過癮。

17:00

走路30分，或是搭乘巴士回到車站4分。

輕井澤王子購物廣場

長野縣

停留時間
2小時

讓人瘋狂血拼的大型Outlet購物商場就位於車站旁，購物中心分為5大區，即使買到失心瘋，也不用擔心交通問題，因為新幹線車站就在旁邊，咻一下~快速回到東京都沒問題。除了購物外，也設有輕井澤味的街跟車站更接近，不逛街只想用餐，也不用在購物街裡找餐廳找到迷路。

時間 購物、美食街10:00~19:00、餐廳11:00~22:00。依季節、店家而異 **網址** www.karuizawa-psp.jp

步行
1分

19:00

輕井澤駅
JR北陸新幹線

Goal !

上高地X松本市，雲端上漫步2日

上高地　松本　山岳勝景

阿爾卑斯脈　松本城

草間彌生故鄉

四周被標高3,000公尺山岳圍繞的松本市，除了日本現存最古老的木造天守閣國寶松本城，更是串聯自古就有「神河內」稱號的上高地，充滿神境仙地的自然美景令人心醉。

DAY1

早
08:00 松本駅
09:45 上高地
　　　上高地服務中心
　　　自然生態研究路
　　　田代池

午
　　　大正池／午餐
14:30 河童橋

晚
18:00 松本市區飯店

DAY2

早
09:30 松本駅
10:00 松本城
　　　縄手通り

午
12:20 草庵／午餐
　　　松本市美術館
　　　ベラミ人形店
　　　翁堂 駅前店

晚
17:00 松本駅

上高地
　ⓘ上高地旅服中心
　🚏上高地巴士總站

松本城
松本市
松本駅
Goal！
Start！

松本電鐵上高地線

新島々駅

JR中央特急線

拜訪「神河內」的仙境高山、回人間再訪松本戰國史蹟

Point! 想拜訪上高地務必在開山季節(4月下旬至11月中旬)前來,為了保護當地環境,搭乘巴士是唯一方式,所以務必預訂交通票券。

Tips 去上高地一點都不難,從松本BT有直達巴士(預約制1日2班,冬日運休);或從松本駅搭乘上高線至新島々駅下車,再轉乘路線巴士(1日11班)前往上高地。
[價格] 松本BT~上高地,1.5H、成人單程¥2,570;松本駅~新島島駅~上高地,1小時45分、成人單程¥2,710
[網址] www.alpico.co.jp/tc/

從服務中心出發往帝國飯店方向、再往梓川方向的田代橋。

Start! • DAY1

08:00
¥2,710

松本駅 → 新島島駅
松本電鐵上高地線 | 松本電鐵上高地線

最好前一天就入住松本,從松本駅~新島島駅~上高地,巴士班次選擇比較多。

巴士 110分

09:45
上高地BT
國家公園線

上高地

上高地服務中心

[停留時間 30分]

標高1,500公尺的上高地是世界有名的山岳勝景地,四季微妙的色彩變化,都叫人禮讚。漫步上高地有多條健行路線,不過以時間、體力和容易接近度來說,河童橋到大正池的路程平坦,約1.5小時比較容易執行。還有多條路線,如果也想多走一些,最好在上高地巴士總站旁的上高地服務中心,收集研究好資料再出發。順便在這裡補滿一下肚皮。
[時間] 4~11月15日8:00~17:00 [網址] www.kamikochi.org/tw/

步行 15分

上高地

自然生態研究路

[停留時間 40分]

長1.9公里的遊步道,起於田代橋,止於大正池,單程40分鐘。行進間動植物的演進情形值得觀察,如擅於生長在地質惡劣土地上的空松、當地珍貴植物化妝柳、候鳥、日本猴等;雖然研究路上鋪有木棧道,但部份路段須踩在大小碎石、沙地和淺水處,記得穿雙防水好走的鞋子。

[網址] www.kamikochi.org/tw/

10:30

就在自然生態研究路中間路段。

步行 1分

雄大的穗高連峰、清澈的梓川,美如仙境。

長野縣

步行
1分

就在自然生態研究路中間路段。

上高地
田代池　11:10

停留時間
20分

生態研究路走到一半左右，就會看到田代池，池水來自它背後六百山的地下水，池水由於枯草沈澱於底部，經過長年累月的堆積，如今田代池已成為當地的原生林濕地，在5月新綠、10月紅葉，一直到晚秋的霧冰景觀，都是必看美景。

網址 www.kamikochi.org/tw/

步行
20分

續前行，就在自然生態研究路的步道路線最底端。

12:00
上高地
大正池

停留時間
1小時

大正池是自然研究路上最大的一片明鏡，它在1915年因燒岳火山爆發而生成，但也因燒岳斜面崩落、和梓川從上游帶來的砂石流而漸漸縮小，爾後成為下游發電廠的貯水池。大正池的靜寂水面使它的神秘感耐人尋味，在這裡很適合坐下來休息或野餐。

網址 www.kamikochi.org/tw/

步行
60分

沿原路回到上高地巴士總站，可以在此區吃點東西稍微休息再出發。

步行
5分

Tips 上高地無論何時來，氣溫與松本相較都會低個5～10度，如果在這裡過夜，那溫度會更低，服飾穿著上，務必要注意保暖。

河童橋是上高地的代表印象，是一觀日本百岳～燒岳的最佳地點。

上高地

河童橋

14:30

停留時間
30分

在昭和年間(1892年)架在梓川上的木頭吊橋，是上高地的象徵；現在所見的已是經歷多次改建，於1975年定型的模樣。站在橋上往上流眺望是雄壯的穗高連峰，往下望則是還冒著白煙的活火山燒岳，橋下的梓川清涼無比，上高地所有自然的景觀，在此一覽無遺。

網址 www.kamikochi.org/tw/

長野縣

巴士
110分
搭乘回程巴士再轉電鐵至松本市。

Tips 河童是日本傳說中的水陸兩棲醜八怪，像人又像鬼，很調皮愛作弄人。日本小說家芥川龍之介於1927年創作了小說《河童》，書中也提到主角為了進入神秘的河童之地而前往上高地。至於是否以此命名，也耐人尋味。

18:00

🚌 新島島駅 → 🚌 松本駅
松本電鐵上高地線　松本電鐵上高地線

晚上就繼續回到松本市區飯店住宿。

Stay !

松本城與遠處的日本阿爾卑斯山脈雪線作為映襯，是松本著名大景。

·DAY2

Start!

09:30 松本駅 JR東日本

¥200

巴士 **12**分 　走路也可以，約15分，巴士都是單一價¥200。

松本市
松本城
10:00

停留時間 **1**小時

松本城是在戰國時期的永正年間建造的五層、六樓建築物，也是現存最古老的日本城池，相當珍貴，而松本城的價值還在其獨特的構造與建築工法，因此入內參觀時請脫鞋進入。

步行 **4**分

時間 8:30~17:00、夏季8:00~18:00。閉館前30分最後入場 **休日** 12月29日~12月31日 **價格** 大人¥700，中小學生¥300 **網址** www.matsumoto-castle.jp

松本市
縄手通り
11:20

停留時間 **1**小時

遍佈老房子的縄手通り又被稱為「青蛙之町」(カエルの町)，正是因為女鳥羽川流經此處，早年污穢不堪，經過居民們整頓，並設置了「青蛙大明神」，希望早日恢復清流樣貌而得名。每年6月還會有青蛙祭典，吸引許多人前來參加。

時間 店家營時不一

步行 **4**分

松本市
草庵
12:20

停留時間 **1**小時

位於中町的蔵屋餐廳，特色是依照不同季節產出的信州地區食材，像是山野菜或是季節蕈類、蕎麥等，仔細烹調的手作料理，也可以吃到手打蕎麥麵。

時間 11:30~14:00、17:30~22:00 **休日** 週三 **網址** soan.co.jp/

Tips

信州地區是日本的蕎麥麵名地，有別於一般冷冷吃的沾汁蕎麥麵，投到熱鍋中燙一下的「投汁」，在這寒冷地帶十分受歡迎，搭配天婦羅、小菜等，一人份吃下來飽足無比。

步行 **10**分

13:30

松本市
松本市美術館

停留時間 2小時

草間彌生故鄉就在這裡。收藏有松本當地知名藝術家作品處,館藏量最豐富的要屬松本市美術館了,無論是世界知名的點點大師草間彌生、或是書法家上條信山、西畫家田村一男等大師作品,都是松本市美術館的常設展覽品。

時間 9:00~17:00(最後入館至16:30) **休日** 週一(遇假日則隔日延休),12月29日~1月3日 **價格** 大人¥410,大學高中生¥200,中學生以下免費 **網址** matsumoto-artmuse.jp

步行 5分

15:30

松本市
ベラミ人形店

停留時間 20分

城下町的傳統人偶店,店內有古時候為了貴族的女性們、製作的精緻人偶松本押繪雛,還有一般庶民的女孩子們,會拿來玩扮家家酒的松本姊姊人偶。近年來到松本的遊客們,都會來此帶松本姊姊人偶當作土產,非常有人氣。

時間 10:00~19:00 **休日** 週三 **網址** www.craft-navi.net/gallery/10746.html

松本市每到七夕,會將七夕人形掛在玄關口。

步行 10分

16:00

松本市
翁堂 駅前店

停留時間 50分

松本市的老牌和菓子店。除了和菓子外也有不少洋菓子,滿滿懷舊風格外,許多款動物造型的洋菓子蛋糕,更是打卡話題商品,像是狐狸蛋糕、充滿懷舊風格的「ミミーサブレ」餅乾等,栗子蜂蜜蛋糕也別錯過。站前店的2樓還有附設喫茶室,連餐點都滿滿昭和風。

時間 9:30~16:45(2F L.O.16:45) **休日** 週三 **網址** www.mcci.or.jp/www/okinado/

培育出一代水玉女王的藝術地,感受顏色的撞擊。

松本駅
JR東日本

17:00

Goal!

長野縣

長野市・湯田中 冬日溫泉
療癒1日行程

猴子泡湯　　長野市　　善光寺
澀溫泉　　九湯巡禮

以善光寺知名的長野市，從寺院門前町一路串到車站前，吃喝玩樂精彩豐富。而40分鐘鐵道直達、被群山環繞的澀溫泉，光各式湯質齊聚一地就讓人驚艷連連，也因野猴子在野外泡湯風情，吸引全世界觀光客目光。

早	**09:30 長野駅** 善光寺 すや亀 善光寺店 八幡屋礒五郎
午	**12:00 四季食彩YAMABUKI ／午餐** **14:00 湯田中駅** 澀溫泉 地獄谷野猿公苑 手打蕎麥烏龍 玉川本店
晚	**18:00 夜宿澀溫泉區溫泉飯店**

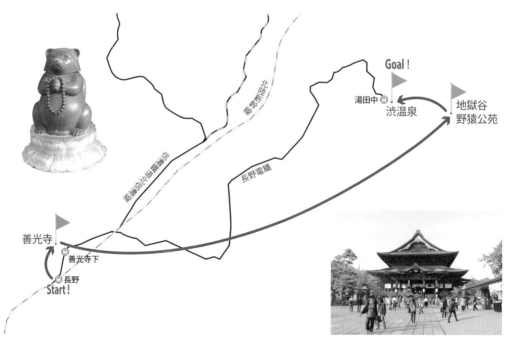

Goal !
湯田中　澀溫泉
地獄谷野猿公苑

北陸新幹線

長野電鐵

善光寺
善光寺下
長野
Start !

白雪皚皚溫泉鄉，
看猴子雪地泡湯暖呼呼～

長野縣

Point!

從長野市到澀溫泉，只須利用長野電鐵搭到底站、湯田中下車，再利用巡迴巴士抵達想去的景點。

Start!

長野駅
JR北陸新幹線

¥190

善光寺大門
ぐるりん号‧巡迴巴士

巴士
22分

走路也可以，大約30分。

Tips

看野生猴子雪地泡湯，是澀溫泉冬季定番，冬季也限定推出SNOW MONKEY PASS，包含鐵道、巴士、門票一張搞定，因為是2日票，可以在溫泉鄉住下來，隔日再前往別處。另外也有單純長野電鐵1日券。

（價格）「SNOW MONKEY PASS」2日券成人￥4,000。長野電鐵1日券成人￥2,070

境內大樹參天，秋天紅葉景色令人驚豔。

寺外就是熱鬧的參道，各式老舖、飲食、小吃聚集。

步行
2分

長野市

善光寺

長野最知名必訪景點，創建於西元644年。廣闊的寺院內優雅美麗，寺院建築群也相當氣派壯闊。正殿神座下方有條伸手不見五指的漆黑通道「戒壇之路」，傳說摸黑走完、並摸到牆上「極樂之鑰」，死後就可以前往極樂淨土。

停留時間
1小時

（時間）本堂內陣參拜4:30~16:30，山門‧經藏拜觀9:00~16:00 （價格）境內免費參拜，本堂內陣、山門、經藏、戒壇之路、善光寺史料館等需另購票 （網址）www.zenkoji.jp

長野市

すや亀 善光寺店

信州味噌很有名，入味作成味噌冰淇淋，口味獨特也非常好吃。本是釀造醬油與味噌起家的すや亀，將味噌與香草冰淇淋結合，口感濃郁，味道像焦糖，保證吃一次就上癮，曾有一天賣出3,000支記錄。

停留時間
20分

（時間）9:00~18:00，冬季9:00~17:00 （價格）みそソフト(味噌霜淇淋)¥400 （網址）www.suyakame.co.jp

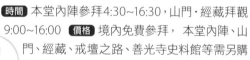

沿著參道繼續走。

步行
2分

11:30

長野市

八幡屋礒五郎

創業超過兩百年,是間七味
辣椒粉專賣店,店內有許多不
同種類的辣椒粉。七味辣椒粉顧名思義除了辣椒
外,還添加了6種不同的天然香料,香氣獨特,是
善光寺參拜必買伴手禮。

(時間) 9:00~18:30　(價格)

停留時間
30分

七味唐辛子¥432起

(網址) www.yawataya.
co.jp

步行
7分

信州牛因餵食蘋果,
肉質不腥又軟嫩,一
定要試試。

12:00

長野市

四季食彩YAMABUKI

相當受在地人喜愛的餐廳,
以展現信州地產四季美味為主
軸,各式套餐可說是這裡的主打,不但可嚐到信
州知名季節美味、蕎麥麵等,也有包含信州牛的
套餐。還有各式單點菜單可選擇。

停留時間
1小時

(時間) 午餐11:00~15:00,晚餐17:00~　(休日) 不定休
(價格) 午餐¥1,650起,套餐¥3,850起　(網址)
yamabuki.px2.jp

盡量輕裝前往,如有
大行李,可先寄放長
野駅。

電鐵
45分

搭巴士回到長野駅,再轉搭長
野電鐵到終點站湯田中駅。

14:00
湯田中駅
長野電鐵

¥310
巴士
11分

駅前搭乘上林線往澀溫泉，在雪猴公
園站下，再徒步30分至野猿公苑。

湯田中

15:00

看野生猴泡溫泉，是來
長野必訪景點之一！

地獄谷野猿公苑

停留時間
1小時

野猿公苑是世界唯一一處野
生猴子泡溫泉的公園，這裡沒有
任何柵欄，猴子們在這裡生活的非常自在，寒冷
的冬天裡，還可以看到猴子泡在溫泉裡取暖，人模
人樣的樣子相當可愛。要注意，來這裡千萬不可
以觸碰牠們或跟牠們講話喔，以免可能被攻擊！

時間 夏季(約4~10月)8:30~17:00、冬季(約11~3
月)9:00~16:00 **價格** 大人¥800、小學~ 高中生
¥400 **網址** www.jigokudani-yaenkoen.co.jp

¥190
巴士
4分

渋和合
橋站
奧志賀高原線

走步道30分鐘回到雪猴公
園巴士站。

17:00

湯田中

手打蕎麥烏龍 玉川本店

停留時間
1小時

冷冷的天走訪野猿公苑後，回
到溫泉旅館聚集處，趕快來碗熱呼
呼信州蕎麥麵驅寒吧。位於澀溫泉二番湯前面的
手工麵店，選用當地生產的蕎麥每日現做，保留
香氣外，口感也很滑順。還有蕎麥做成的冰淇淋
也可試試。

時間 11:30~14:00(L.O)、18:00~21:00(L.O) **休日**
第3、5個週三(遇假日不休) **網址** r.goope.jp//sr-
20-205611s0001

晚上入住澀溫泉區旅館，
享受一夜好眠。

18:00

Tips
澀溫泉歷史至今已有1,300
年，傳說由一位高僧在各
地巡禮參拜時所發現，共
有9個外湯，每個外湯都針對
不同病狀各有療效，來此住宿時旅館
都會免費借給客人一把鑰匙，拿著這
把鑰匙就可以去
其中9個外湯
泡溫泉。還可
買一條巡浴祈
願手帕，收集每
個外湯印章。

長野縣

Goal !

千葉縣

・茨城縣排行程 入門指南

栃木縣
群馬縣
埼玉縣
東京都
茨城縣
神奈川縣
千葉縣

江戶時代，作為江戶城(東京)鄰太平屏障的千葉縣、茨城縣，除了保留下一些江戶時代遺留下的史蹟風情，濱海的兩縣，更能感受旅遊東京所沒有的濱海休憩之旅。而做為成田機場、迪士尼所在的千葉，精彩面貌也很吸睛。

Q

我到千葉縣·茨城縣觀光要留幾天才夠？

Q

天氣跟台灣差很多嗎？

Q

什麼季節去最美？

千葉有成田機場、茨城有茨城機場，都有台灣班機飛抵，加上與東京有常盤線、總武線、京成本線、成田線直通東京，幾乎都在1小時左右車程，不論要當日往返，或是2天小旅行都很適合。

鄰太平洋的千葉縣·茨城縣，有溫暖海潮流經，即使冬天降雪也很少，氣溫相對溫和，僅在內陸山區區域，冬季較寒冷並會降雪。夏季25~30度甚至更高；冬季均溫約5度左右；春秋15~20度相對舒適。

秋季雖不明顯，但春季的櫻花依舊璀璨爛漫，秋天往丘陵山區的紅葉也美的讓人心醉。尤其常盤濱海公園的春夏秋，幾乎更是必訪美景。便利的交通網也讓四季賞景毫無障礙，當日往返都很輕鬆。但須注意關東雨量較多，雨傘是四季常備物。

千葉縣·茨城縣

有了基本認識後，現在，就來打造最適合自己的旅遊行程吧！

從機場、東京要搭什麼車前往千葉縣・茨城縣

TIPS!

千葉縣・茨城縣都有自己的機場，可當作入口站或是離境前最後一站旅遊點。

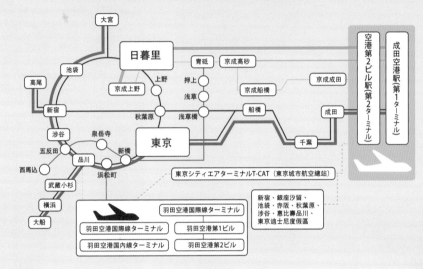

大宮
日暮里
青砥　京成高砂
池袋
高尾　　上野　押上　京成成田
京成上野　淺草　京成船橋
新宿　　　淺草橋　　　船橋　　成田
秋葉原
涉谷　泉岳寺
五反田　新橋　東京　　　千葉
西馬込　品川
浜松町
武藏小杉
横浜　東京シティエアターミナルT-CAT（東京城市航空總站）
大船

空港第2ビル駅（第2ターミナル）
成田空港駅（第1ターミナル）

京成成田

羽田空港国際線ターミナル
羽田空港国際線ターミナル　羽田空港第1ビル
羽田空港国内線ターミナル　羽田空港第2ビル

新宿、銀座汐留、池袋、赤阪、秋葉原、涉谷、惠比壽品川、東京迪士尼度假區

圖例		
スカイライナー（Sky Liner）	成田エクスプレス（成田特快）	都營淺草線
成田スカイアクセス線	JR線	京浜急行線
京成本線	東京モノレール（東京monorail）	リムジンバス（利木津巴士）

京成電鐵

成田空港→千葉縣・茨城縣

鐵道

路線名	目的地	時間	價格
京成本線	成田駅	8分	¥270
JR成田線	成田駅	12分	¥200

高速巴士

路線名	目的地	時間	價格
千葉交通茨城交通	勝田駅水戶駅日立駅	約2小時（日立約4小時）	¥3,400¥3,600(日立)
立木津巴士千葉交通	迪士尼樂園	約1小時	¥2,300

千葉交通

立木津巴士

茨城交通

茨城空港→茨城縣

空港巴士

路線名	目的地	時間	價格
茨城交通	水戶駅	約40分	¥1,190
	勝田駅	約1小時	¥1,300

* 巴士搭配飛機發車。

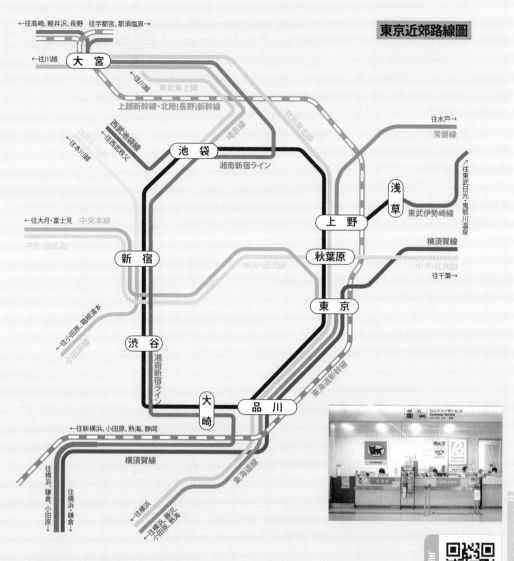

東京近郊路線圖

←往高崎、軽井沢、長野　往宇都宮、那須塩原→

←往川越　　大宮

←往川越　東武東上線

上越新幹線・北陸(長野)新幹線

京浜東北線

西武池袋線　池袋

←往西武秩父

←往本川越　湘南新宿ライン

往水戸→
常磐線

浅草
東武伊勢崎線

↑往東武日光、鬼怒川温泉

←往大月・富士見　中央本線

上野

横須賀線

中央・総武線

新宿

秋葉原

中央・総武線
往千葉→

←往小田原、箱根湯本　小田原線

東京

渋谷　湘南新宿ライン

大崎　品川

東海道新幹線

←往新横浜、小田原、熱海、静岡

横須賀線

往横浜、鎌倉、小田原

往横浜、鎌倉

東海道線

←往横浜

往横浜、鎌倉、小田原、熱海

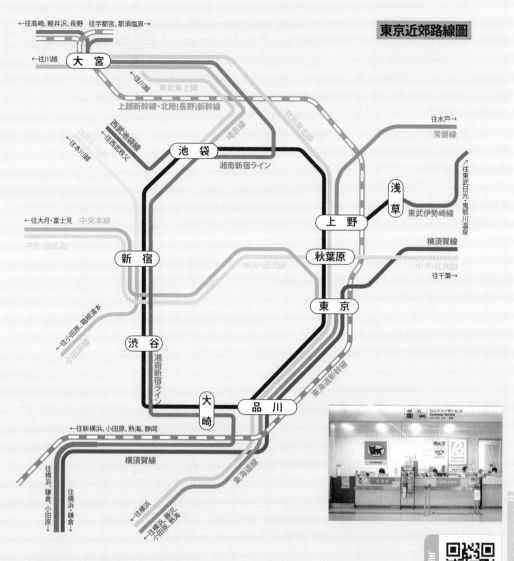

JR東日本

千葉縣・茨城縣

東京→千葉縣・茨城縣

鐵道

路線名	目的地	交通方式	時間	價格
JR東日本	水戶市	【JR常陸・常磐線】從上野駅搭乘特急到水戶駅	約1小時10分	¥3,890
	常陸海濱公園	【JR常陸・常磐線】從上野駅搭乘特急到勝田駅	約1小時14分	¥3,890
	日立市	【JR常陸・常磐線】從上野駅搭乘特急到日立駅	約1小時30分	¥4,220
	成田市	【JR成田線】從上野駅到JR成田駅	約1小時16分	¥940
	銚子	【JR潮騷特急(總武線)】從東京駅到銚子駅	約1小時50分	¥4,200
	迪士尼樂園	【JR京葉線】從東京駅到舞濱駅	16分	¥230
京成電鐵	成田市	【京成本線】從上野駅到京成成田駅	約1小時12分	¥850

千葉縣・茨城縣的東西南北
馬上看懂

❶成田市：

成田市就跟成田機場緊鄰，而成田本身也以知名的成田山新勝寺而知名。不僅寺院、熱鬧的參道，從這裡出發去銚子、佐原、佐倉、茨城縣的潮來水鄉，都很便利，鄰近還有一處酒々井OUTLET。如果把成田當離境前最後一個住宿旅遊點，隔天到機場只需10分鐘，輕鬆又便利。

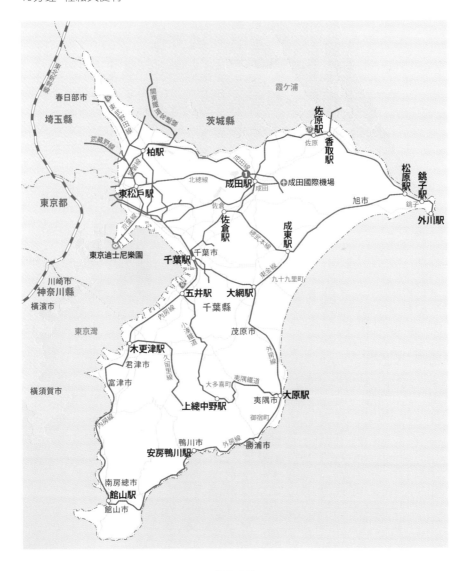

跨縣市的旅遊行程，
選擇交通便利的地方
住宿準沒錯！

我要住哪一區
最方便？

❷水戶市：

茨城的最大城市便是水戶市，這裡是水戶各路鐵道、巴士串接處，離茨城機場也僅40分鐘。以這裡當據點，可以往濱海的常陸海濱公園、那珂湊及大洗濱海休憩區、日立市；往內陸則鐵道直通笠間(稻荷神社、知名笠間燒主題園區)，繼續搭上鐵道還能直接抵達栃木駅，可轉乘東武日光線去日光東照宮。

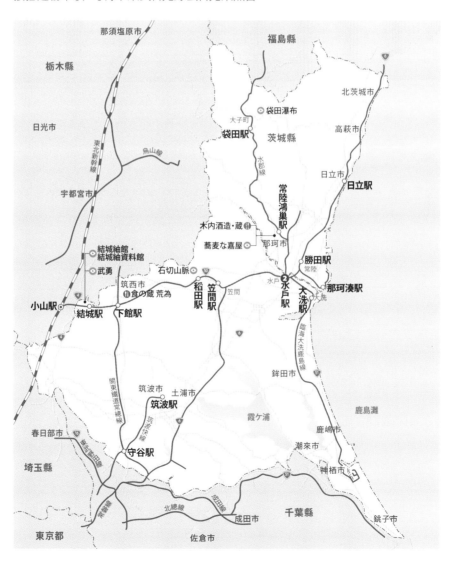

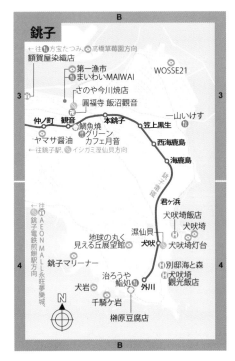

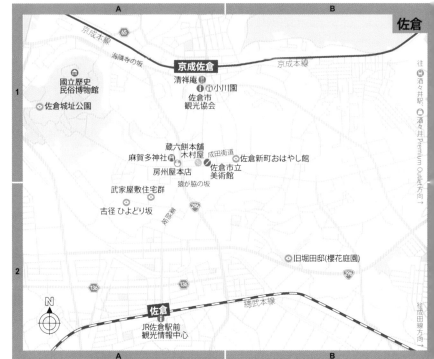

要搭車前

先搞懂 這3張 區域 交通 路線圖

有什麼**優惠車票**適合我？

	JR東京廣域周遊券 JR Tokyo Wide PASS	湊線一日券+常陸海濱公園門票／湊線1日全線フリー乘車券+国営ひたち海浜公園入園券付きセットクーポン	銚子弧迴手形1日乘車券 Choshi Electric Railway 1day pass	佐原循環巴士一日券 佐原循環バス一日券
使用區間	JR東日本線(區域間) JR東日本新幹線(區域間) 東京單軌電車 伊豆急行線全線 富士急行線全線 上信電鐵全線 埼玉新都市交通 (大宮～鐵道博物館) 東京臨海高速鐵道線全線 JR東日本與東武鐵道線互通軌道特急 東武鐵道線(下今市～東武日光、鬼怒川溫泉的普通線)	套票包含 【常陸那珂海濱鐵道】一日自由搭乘車票 【常陸海濱公園】入園券1張	【銚子電鐵】可一日之內自由搭乘全線(銚子駅~外川駅之間)。	【佐原循環巴士】可一日內自由搭乘。循環巴士行駛路線，以觀光景點為主，巡迴一周約40分 停靠站：佐原駅、諏訪神社、忠敬橋、水鄉佐原山車会館、牧野、県立佐原病院等
價格	成人￥15,000、兒童￥7,500	成人￥1,100、兒童￥500	成人￥700，兒童￥350	成人￥600、中高生￥200
有效時間	連續3天	1日	1日	1日
使用需知	・除了「埼玉新都市交通」外，在其他路線可走一般閘口。 ・欲搭乘指定席需劃位(不限次數) ・富士急行線「富士山特急」、「富士山View特急」1號車廂，與「富士登山列車」，均需另外付費。 ・「疾風」號、「鬼怒川」號、「日光」號等全車指定席列車，需劃位。 ・不能乘坐東海道新幹線及JR巴士。	・全年發售。 ・限當日購票使用，無預售票。 ・售出票券無法退票。 ・車票+入園門票聯票，勿自行撕開。	・一日券在有效期限使用前可退票，須收取￥220手續費。 ・一日券可享部分設施優惠折扣。(限當日使用有效)	・僅限週末、例假日期間行駛。 ・限當日購票使用。 ・一日券可享部分設施優惠折扣。
售票處	1-事先於JR東日本網站購買，抵日後取票。 2-抵日後於售票窗口持護照購買。 3-自行於有護照讀取功能指定席售票機購票&取票。 4-機場及各大JR車站外，更多日本當地購票&取票地點詳見網站。	1-湊線勝田駅窗口 2-那珂湊駅窗口	1-銚子駅 2-列車內 3-有人駅 (仲ノ町、観音、笠上 生、犬吠、外川) 4-下載手機APP購買	1-佐原駅前觀光案內所 2-佐原町並み交流館 3-巴士車內購票
官網				
購買身分	非日本籍旅客，購買需出示護照。	無限制	無限制	無限制

千葉縣・茨城縣

「佐倉～成田市～佐原」
江戶歷史漫步2日

成田山新勝寺　　小江戶
佐倉城跡　　參道　　武家屋敷

DAY1

早
　09:00 JR佐原駅
　09:30 佐原
　　　香取神宮
　　　伊能忠敬旧宅
　　　伊能忠敬記念館

午
　　　珈琲 遲步庵いのう
　13:30 成田駅
　　　川豐本店／午餐
　　　成田山新勝寺
　　　成田山表參道

晚
　18:00 成田市區飯店

離成田機場10分鐘左右車程的成田市，因氣氛莊嚴隆重的成田山新勝寺而聞名，就以這裡為根據地，透過JR成田線串聯，一訪在江戶年代以河運商業繁盛的佐原，以及從江戶至明治，都以武士、軍事重地為發展的佐倉江戶紀行風貌。

伊能忠敬旧宅

JR佐原駅
Start！

香取神宮

JR成田線

成田山新勝寺

JR成田駅

成田空港✈

京成線

佐倉武家屋敷

Goal！

京成佐倉駅

JR佐倉線

JR佐倉

DAY2

早
　09:30 JR佐倉駅
　10:00 佐倉
　　　武家屋敷
　　　古徑 ひよどり坂
　　　房州屋 本店／午餐

午
　13:00 蔵六餅本舗 木村屋
　　　佐倉城址公園&國立歷
　　　史民俗
　　　博物館

晚
　17:00 京成佐倉駅

日本遺産「江戸紀行の町」款步小旅

Start!

DAY1

9:00

佐原駅
JR成田線

Point! 佐原跟佐倉剛好跟成田市都在同一條鐵道上,完全不用換車,一趟就能到。

Tips 佐原以三大「小江戶」之一而知名,小野川旁的主要老屋町區,雖然走路也能到,但善用佐原巡迴巴士會輕鬆些。單程¥300,一日券¥600。

駅前就是巴士站,佐原巡迴巴士很好認,上車買一日券即可。

巴士 **15**分 香取神宮下車走5分。

佐原

香取神宮

9:30

停留時間 40分

2600多年的悠久歷史,再加上在明治之前,是受到皇室崇敬的日本三大神宮之一(另2處是伊勢神宮、鹿島神宮)。離東京最近的這處神宮,祭拜的「津主大神」在日本被認為是代表武道之神,也是關東地區數一數二的求勝能量地點。

時間 8:30~17:00　價格 自由參拜　網址
katori-jingu.or.jp

巴士 **10**分

忠敬橋
巡迴巴士

在伊能忠敬舊宅斜前方,也能搭乘小野川遊船,一趟約30分。

佐原

伊能忠敬旧宅

10:30

停留時間 30分

入贅伊能商家的伊能忠敬,屋宅就面臨著小野川與樋橋,他直到50歲才離家前往江戶學習天文學,並開始周遊日本繪製日本地圖。這處老舖建築,可以看見江戶年代商舖與宅屋結合的樣貌。

時間 9:00~16:30　價格 免費

香取神宮是關東超強Power Spot,連參拜都常見排隊。

千葉縣・茨城縣

佐原

伊能忠敬記念館

停留時間 40分

原本經商的伊能忠敬，江戶時代的地圖測繪家反而成了他留名青史的稱呼。傾後半生心力踏遍日本繪製的《大日本沿海輿地全圖》，不但準確度與現今真實日本相當接近，更打開自古以來日本自身與世界對日本的認知。

時間 9:00~16:30　**休日** 週一、年始年末
價格 成人¥500、中小學生¥250

步行 1分

11:00

就在樋橋對岸

日劇《東京下町古書店》就是以此為古書店拍攝背景。

佐原

珈琲 遅步庵いのう

停留時間 20分

步行 1分

11:40

就位在樋橋邊，與伊能忠敬宅對望，由伊能家後代以舊屋宅開設的咖啡屋，店內空間不大，但非常有韻味，來喝杯咖啡，也順便觀賞內部陳列一些伊能家代代使用的古道具類、古美術品。

時間 11:30~17:00　**休日** 週三　**價格** 咖啡¥500

可看到當時古地圖的龐大原寸，與繪於其上的各式細節。

步行 15分

步行或搭巴士2分回到佐原駅，搭成田線車程40分回到JR成田駅。

🚌 **JR成田駅**
JR成田線

步行
10分

13:30

成田
川豐本店

停留時間
1小時

從車站往成田山新勝寺方向走,必須通過長長的表參道,整個參道上必食美味便是鰻魚飯,光表參道周邊就有約60間店提供鰻魚料理,而川豐本店的鰻魚飯可說是無人能出其右,人氣歷久不衰。

時間 10:00~17:00

價格 うな重(鰻魚飯)¥2,900 網址 www.unagi-kawatoyo.com

表參道上的人氣百年名店。

步行
5分

14:30

成田
成田山新勝寺

停留時間
1小時

總佔地22萬平方公尺,從940年開山至今,已經超過千年的悠久歷史,每年約吸引千萬人前來參拜,尤其每年的新年初詣(新年參拜)就有近300萬人造訪,相當驚人。

時間 自由參拜 價格 免費

步行
1分

15:30

成田
成田山表參道

停留時間
2小時

參拜完成田山新勝寺後,決不能錯過寺院門前的成田山表參道,這條帶有江戶古風的參道,齊聚眾多美食名店、伴手禮、街邊小吃、咖啡店等商家,在結束寺廟巡禮後再來到參道補充體力、購買伴手禮。

時間 9:00~18:00(店家營時各異)

なごみの米屋是參道上的人氣伴手禮名店。

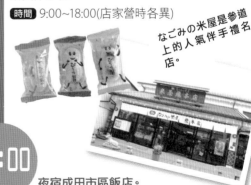

18:00

夜宿成田市區飯店。

Stay!

Start！ • DAY2

JR成田駅
JR成田線

9:30

電車
30分

JR佐倉駅
JR成田線

步行
15分

|佐倉|
武家屋敷

10:00

停留時間
1小時

這條鏑木小路裡有五棟連一起的武士屋敷，見證當時武士們的生活樣貌。其中三棟開放參觀，內部展示當時的生活物件外，透過三棟不同型制的屋敷，也能理解不同武士身分層級的住宅規範。

時間 9:00~17:00(最後入館16:30) **休日** 週一(遇假日延隔日休)，年末年始 **價格** 成人¥250、學生¥120。三館共通券：成人¥600、學生¥300

步行
5分

|佐倉|
古徑 ひよどり坂

11:00

停留時間
20分

位在武士屋敷鏑木小路底端的這條綠意竹林道，通過它可以前往佐倉城。從江戶時代起就存在的這條土坂階梯竹林道古徑、被完整保留，大約僅有160公尺長，兩側綠竹參天宛如隧道。也有店家提供和服租賃，可在此拍照。

時間 自由參觀

步行
5分

|佐倉|
房州屋 本店

11:30

停留時間
1小時

位在麻賀多神社旁邊、前往城址公園主幹道上的蕎麥麵老舖「房州屋」，90多年的傳統滋味，至今依舊人潮不減。推薦融合7種配料的佐倉七福神そば，既具吉祥意涵也讓口感多樣豐盛。

時間 11:00~15:00

休日 週一(遇假日延隔日休)

步行
10分

價格 佐倉七福神そば¥1,250

佐倉

蔵六餅本舖 木村屋

停留時間 **30**分

13:00

與東京銀座的木村屋同為姊妹店，在明治15年以2號店在佐倉設點，目前以和菓子為主打，以江戶時代五彩龜甲模樣的「藏六石」為意象，製作成和菓子最中，成為佐倉最具代表茗果，從昭和年代熱賣至今。

時間 商店9:00~17:00，蔵(開放參觀)10:00~16:00
休日 免費 價格 茶&和菓子(1個)¥300，蔵見學&和菓子¥550 網址 zourokumochi.jp/

佐倉城造型的最中，也可在店鋪旁座椅享用。

Tips

佐倉市中心及景點，剛好被京成佐倉駅及JR佐倉駅上下包夾，而佐倉坡道不少，景點間大都要走5~15分鐘，建議除了走路、部分最好搭配公車會比較省力，尤其博物館及城址公園，看似很近，但並不易走路抵達，最好利用公車。

步行 **10**分

走到成田佐倉駅，轉搭公車到民俗博物館下車，車程約5分鐘。

14:00

佐倉城址公園 &國立歷史民俗博物館

佐倉

腹地廣闊的「佐倉城址公園」，雖然佐倉城已經不再，但整個城地面遺址位置完整保留，相當難得。而位在園內北側的「國立歷史民俗博物館」，更是精彩非凡，廣達12萬坪、7大展間、從遠古一直到現代，1~2小時觀覽絕對必要。

停留時間 **2.5**小時

時間 博物館9:30~17:00，10~2月至16:30。最後入館閉館前30分 休日 週一(遇假日順延)，12/27~1/4 價格 一般¥600，大學生¥250，高中以下免費 網址 www.rekihaku.ac.jp/

巴士 **5**分

京成
佐倉駅
成田本線

17:00

超大遺跡公園內，造景優雅、四季更是花團錦簇。

Goal!

千葉縣‧茨城縣

銚子極東濱海小鐵道之旅1日

銚子電鐵　濕仙貝　鐵道迷必訪　關東極東地　燈塔

銚子在2016年、與佐倉‧佐原同樣被列為千葉縣「江戶紀行の町」的日本遺産認定之列。這個關東區域的極東小鎮,因一條臨海線而行的小鐵道～銚子電鐵而受到鐵道迷喜愛。搭上電鐵,一站一站下車探訪,感受不一樣的旅遊風情。

09:00 銚子駅
09:40 犬吠駅
　　濕仙貝
　　犬吠埼灯台

午

12:00 外川駅
　　治ろうや鮨処 / 午餐
　　犬岩
　　外川駅
15:00 仲之町駅
　　ヤマサ醬油工場
　　圓福寺 飯沼觀音

晚

17:30 銚子駅

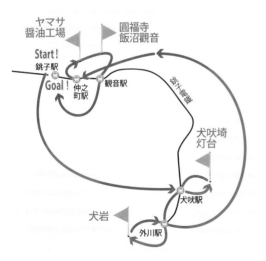

飄散潮騷海味&醬油味的
老電車沿線之旅

Start !

Point! 銚子電鐵全長6.3Km、共10站,不下車的話大約30分鐘到終站,大約每小時1班次,很適合下車到處悠閒繞繞。

09:00 銚子駅 銚子電鐵

電車 23分

JR銚子駅一旁便是銚子電鐵的起站,買張一日券,展開悠閒的鐵道小旅行

犬吠駅 銚子電鐵

溼仙貝

搭上銚子電鐵後,先一口氣直達底站的前一站「犬吠駅」,先來拜訪一下讓銚子電鐵起死回生的傳奇、濕仙貝吧。在犬吠駅內就有溼仙貝賣店,不僅可以買回家當伴手禮,也可以買一片當場品嚐,濕潤的口感與鹹香的滋味相當獨特。

停留時間 30分

時間 10:00~18:00 **價格**
ぬれ煎餅¥500(5片)

吃完美味的濕仙貝,接著就走路往海濱的燈塔吧。

將乾仙貝浸入調味醬油,而成為溼潤口感。

步行 10分

10:20

犬吠埼灯台

入列「世界燈塔100選」面著遼闊太平洋,於明治7年(1874年)建造而成。登上燈塔後視野遼闊,雄壯景色震懾人心。燈塔一旁的資料展示館內,展出燈塔介紹以及犬吠埼燈塔的歷史,更酷的是可以看到初代燈塔的透鏡。

停留時間 1小時

時間 8:30~16:00(依季節調整) **價格** 燈塔大人¥300、小學生以下免費,資料館免費

電車 2分

抓緊時間,回到車站搭乘11:35往底站外川駅的班次。

千葉縣‧茨城縣

外型像布丁的伊達卷，口感Q彈滑順。

11:50 🚃 外川駅 銚子電鐵

治ろうや鮨処

停留時間
1小時

來到濱海，可別忘魚鮮美味。曾多次被報章雜誌介紹的治ろうや鮨処，最招牌的大廚推薦握壽司，總共10貫的握壽司，以當地節令魚產為中心，還大方地使用炙烤金目鯛等高級食材，創作出一貫貫令人一吃難忘的鮮美海味。

（時間）11:30~14:00、17:00~22:00　（休日）週四
（價格）伊達巻と地魚入りおまかせ握り（人氣握壽司）¥4,000起

步行 **15**分

犬岩來由緣起於義經傳說，天然形成的萌樣小狗岩石。

13:00　### 犬岩

停留時間
30分

飯飽後，往濱海的漁港邊散步前行，位在銚子半島外川漁港西側的「犬岩」，為千葉縣最古老的愛宕山層的一部份，受到激烈的地殼變動、風雨侵蝕，看起來像是狗的形狀而起名。前往時注意防曬。
（地點）銚子市犬若地區仙川港西側

回程不走漁港，可穿越老街、巷弄小路進行小小的散策旅行，最後抵達外川駅。

步行 **30**分

14:00　### 外川駅

停留時間
30分

「外川駅」外觀保存了大正時期的木製建築，復古的白底黑字外川駅站牌，沉穩地置於屋簷上。在過去外川駅曾為NHK長篇戲劇「澪つくし」為拍攝舞台，對於老一輩日本人有著不同的情感。
（網站）www.choshi-dentetsu.jp

電車 **17**分

搭乘14:34分往銚子駅方向班次。

以醬油調味的霜淇淋，有點像海鹽焦糖口味。

ヤマサ醬油工場 15:00

14:51抵仲之町駅後，趕快衝往醬油工廠參加15:00的見學之旅吧。從1645年營業至今的醬油老鋪，在江戶時代末期幕府還被授與「最上醬油」的稱號，可參觀、可買，還可預約見學之旅喔。

時間 見學：9、10、11、13、14、15點各一場(需預約，約50分) **休日** 見學休日：週末、例假日、暑假、年末年始 **價格** 免費參加 **網站** www.yamasa.com/enjoy/factory-visit/

觀音寺就在鄰近，走路就會到。

步行
10分

Tips

乘坐銚子電鐵時可以注意一下，每站站名是否與原始站名有些許不同呢？有生意頭腦的銚子電鐵與其他公司異業合作，像是笠上黑生駅會讓人聯想到生髮，所以就和毛髮生長液的廠商合作，成為「髮毛黑生駅」，是不是很有趣呢！

16:10

觀音寺邊有家深受當地人喜愛的百年老鋪さのや，美味的今川燒可別錯過。

かみのけくろばえ
髮毛黑生
KAMINOKE KUROHAE
もとちょうし にしあしかじま
MOTOCHOSHI NISHIASHIKAJIMA

圓福寺 飯沼觀音

以本尊十一面觀音的「飯沼觀音」為知名，自江戶時代起參拜人潮絡繹不絕，而成為當地名剎，歷史的沿革悠久，也讓寺內擁有眾多珍貴寺寶，是來到銚子必訪景點。

時間 8:00～17:00 **價格** 自由參拜 **網站** iinumakannon.com

電車
4分

悠悠閒閒自由決定搭回銚子駅的班次，在銚子駅周邊可再隨意逛逛。

17:30

銚子駅
銚子電鐵

千葉縣・茨城縣

Goal !

JR水戶線2大人氣熱點 〈笠間+水戶〉雙城遊

稻荷神社　笠間燒　偕樂園　梅花園　鮟鱇魚鍋　購物

水戶在江戶時代是德川家族重地，被稱做「水戶黃門」的德川光圀即是出身於此，以梅花而聞名的偕樂園，是愛花人士必訪地，常陸牛、鮟鱇魚鍋更是在地獨有美味；以笠間燒聞名的笠間市，則是吸引陶藝愛好者朝聖地。

09:30 友部駅
　　　笠間芸術の森公園
　　　笠間工芸の丘／午餐
　　　笠間稲荷神社

　　　水戶駅
14:30 偕樂園

17:00 山翠／晚餐
　　　水戶EXCEL
19:30 水戶駅

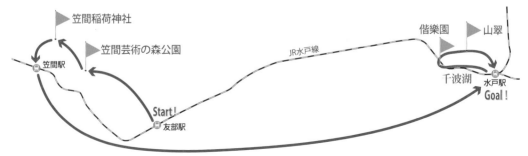

笠間稲荷神社

笠間芸術の森公園

笠間駅

JR水戶線

偕樂園　　山翠

千波湖　　水戶駅　Goal!

Start!
友部駅

德川江戶文化史蹟、笠間燒藝術陶藝一日囊括

Start !

Point! JR水戶線鐵道橫貫茨城縣中央的東西兩側，半小時車程內就有笠間、水戶，是茨城必訪兩大旅遊熱點。

Tips 「かさま観光周遊巴士」是從友部駅出發後往陶藝美術館工藝之丘，再經稻荷神社、笠間駅等，最後回到友部駅，適合觀光用，其他像是日動美術館、春風萬里莊等也有停靠。

價格 單程¥100、一日券¥300

 友部駅 JR水戶線

巴士 **10分**　在北口搭乘9:50かさま観光周遊巴士，在「陶藝美術館工藝之丘」下車。

> 笠間

笠間芸術の森公園

這處以傳統工藝及新型態美術為主題的公園，總面積達54.6公頃，廣大的園內除了有「笠間工芸の丘」及「茨城県陶芸美術館」這兩個必遊景點外，還有各式遊樂設施，每年春秋兩季的陶器市集，更是陶藝愛好者的朝聖嘉年華會。

停留時間 1小時

時間 美術館9:30~17:00(最後入場16:30) **休日** 週一(遇假日延隔日休)，年末年始 **價格** 常設展成人¥320、高大生¥260、中小生¥160。企劃展依各展覽而異 **網址** www.tougei.museum.ibk.ed.jp

公園的草原與森林中，隱藏精巧的陶器作品。

走路 **1分**　工芸の丘與陶芸美術館隔著廣場對望。

> 笠間

笠間工芸の丘

這裡是想要體驗DIY陶藝創作或購買陶器的絕佳處；由數間小屋組成的笠間燒藝術村中，除了體驗課程之外甚至還有實際使用笠間燒當餐具的咖啡廳，各式陶藝作品風格相當齊全。午餐就在這裡享用吧。

停留時間 1小時

時間 10:00~17:00 **休日** 週一(逢假日順延) **價格** 入館免費。體驗課程¥1,650起(需預約) **網址** www.kasama-crafthills.co.jp

從稍有名氣的陶藝家作品、到國寶級大師作品這裡都能買到。

巴士 **7分**　搭乘12:02往稻荷神社的周遊巴士。

千葉縣・茨城縣

狐狸是守護神，可祈求五穀豐收、生意興隆。

12:10

笠間

笠間稻荷神社

停留時間 **40分**

日本三大稻荷神社之一，擁有千年歷史的神靈之地。神社內可見許多狐狸祭祀外，朱紅色的正殿還被指定為國家重要文化財，在日本歷史最為悠久的菊花節也是由神社舉辦。

時間 自由參拜；笠間稻荷美術館9:00~16:30 (最後入場16:00) **價格** 免費。笠間稻荷美術館須買門票 **網址** www.kasama.or.jp

笠間駅 JR水戶線　巴士 **5分**

水戶駅 JR水戶線　電車 **30分**

也可走路20分到笠間駅，抵達水戶駅後，在北口轉搭巴士到偕樂園，約20分、¥270。

水戶

偕樂園

14:30

停留時間 **2小時**

1842年水戶藩第9代藩主德川齊昭打造此園以「與民偕樂」，園中遍植三千餘株梅樹、上百種的品種，早期為了貯藏梅干以防饑荒所植，現今則是水戶最驕傲的美麗資產。庭園、孟宗竹林、好文亭、千波湖都是看點。

時間 本園6:00~19:00、好文亭9:00~17:00。(依季節調整) **價格** 園區外圍免費；本園：大人¥300、兒童¥150；好文亭：大人¥200、兒童¥100 **網址** ibaraki-kairakuen.jp/

緊鄰偕樂園的常磐神社也可順遊。

¥170

巴士 **4分**

Tips

名列日本三大名園之一的偕樂園，從開園起便以免費開放與民同樂為目的，原本是免費，但近幾年開始酌收一點費用，縣民一樣免費，觀光客起個早在9:00前入園，一樣免費。**備註** 花季期間取消免費。且JR常磐線有臨時站「偕樂園駅」會開站。

從常磐神社前的巴士站搭到泉町一丁目下車，剛好在京城百貨正前方。

17:00

水戸

山翠

現在是高級料理鮟鱇鍋，其實在江戶時期可是十分便宜，是茨城特有的鄉土料理。山翠是水戶最有名的鮟鱇鍋名店，就位在京城百貨隔鄰，店內忠實呈現江戶時期鮟鱇鍋風味，每年10到4月是鮟鱇的產季，這時最是美味。

停留時間 1小時

時間 11:30~14:00(L.O)、17:00~20:00(L.O) **休日** 週二 **價格** 元祖あんこう鍋(鮟鱇鍋)套餐¥4,100起 **網址** www.sansui-mito.com

來到水戶一定要試試名產鮟鱇鍋。

¥170 巴士 **6分** 搭巴士回到水戶駅。

18:30

水戸

水戶EXCEL

佔據水戶車站南北口的EXCEL，北口是有7個樓層的EXCEL百貨，南口則是3~6樓的EXCEL MINAMI南館，南館主要以美食餐廳及伴手禮為主，想買伴手禮，來這裡就對了，買好後，車站入口就在1樓，非常方便。

停留時間 1小時

時間 本館10:00~20:00(1F食品館至20:30)、6F餐廳11:00~22:00(L.O.21:30) **網址** www.excel-mito.com

EXCEL百貨跟水戶駅直結。

19:30 水戸駅 JR常磐線

Goal !

千葉縣・茨城縣

日立市・常陸・那珂湊
1日花舞繽紛

最美車站　常陸濱海公園　粉蝶花
掃帚草　漁港海鮮

從日立市沿著濱海一路南下到常陸海濱公園、那珂湊漁港，沿途美麗海景外，更有多個海水浴場，夏季遊人如織。當然常陸海濱公園裡小山丘上滿眼的粉蝶花、呆萌掃帚草，讓人一輩子一定想去一趟；而那珂湊漁港豐富的海鮮美味，更是絕不虧待旅人的胃。

09:30 日立駅
SEA BiRDS CAFE
12:00 那珂湊駅
那珂湊海鮮市場／午餐

午
13:30 勝田駅
14:00 常陸海濱公園

晚
18:00 勝田駅

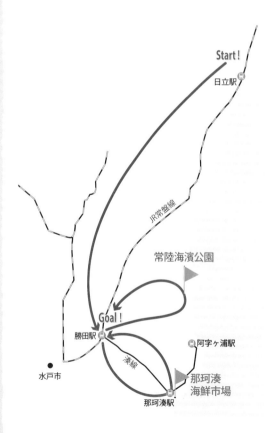

Start!
日立駅

JR常盤線

常陸海濱公園

Goal!
勝田駅

阿字ヶ浦駅

湊線

水戶市

那珂湊駅

那珂湊
海鮮市場

天寬地廣濱海沿線，美景X美食全收錄
Start!

Point!

從日立到那珂湊，都在濱海鐵道沿線，用JR常磐線、湊線串聯，超簡單又順暢。

Tips

湊線並不長，剛好圍繞在常陸海濱公園外圍，勝田駅、那珂湊駅、磯崎駅、阿字ヶ浦駅，這幾站都是旅人常會用到的站點，鐵道公司因此推出「湊線一日券+常陸海濱公園門票」，如果也想去湊線周邊幾個點，就很適合買這張。

價格 成人￥1,100、兒童￥500

宛如漂浮在海上的美麗玻璃車站。

日立駅
JR常磐線

下車後即達。

| 日立

日立駅

日立車站可說是世界最美的車站之一，走進車站入口，直走到通廊底端就可看見180度無敵海景。因地理位置高低差，由陸地架設橋面出去，加上串聯蔚藍海景，站體宛如浮就在大海上空，因為實在太夢幻，大拍美照很難歇手。

停留時間 20分鐘

咖啡店在站內玻璃通廊底端。

步行 1分

| 日立

SEA BiRDS CAFE

這座由日立市出身的世界知名建築師妹島和世設計的車站，當然光在通廊拍照根本不過癮，還好這裡一開始的設計連咖啡廳都考慮進去了，SEA BiRDS CAFE佔有極致海景位置，早早出發、來這裡吃個日光配海景的早餐吧。

停留時間 1小時

時間 7:00~22:00 (L.O.21:00) **價格** 鬆餅￥980，咖啡￥400起，午餐套餐￥1,000起 **網址** seabirdscafe.com

¥510

電車 22分

勝田駅
JR常磐線

搭上JR常盤線往水戶方向，在勝田駅下車，轉搭湊線到那珂湊駅。

那珂湊駅
湊線

12:00

海の駅 市場寿し店，提供平價迴轉壽司，相當受到歡迎。

下車後往港邊走12分。

常陸那珂

那珂湊海鮮市場

停留時間
1小時

那珂湊海鮮市場就跟台灣許多觀光魚港一樣，是個臨著海港而立的海鮮市場，有活跳跳海鮮販售區外，市場裡有7家海鮮餐廳、加上外圍的更多海產餐廳是許多人的目標，當然也有小攤販美食可以品嚐各式單一海味。

時間 7:00～16:00(水產賣場)，10:30～20:00(餐廳)。各店家營時不一 **網址** www.nakaminato-osakanaichiba.jp

¥350

電車
15分

勝田駅
湊線

搭乘湊線到勝田駅，再轉搭巴士到公園西口下車，約10~15分。

常陸那珂

春天的粉蝶花、及夏秋的掃帚草，可說是招牌美景。

14:00

常陸海濱公園

停留時間
3小時

四季都美的這裡，想看花草，當然目標鎖定春、夏、秋。櫻花、水仙、鬱金香、玫瑰、粉蝶花、掃帚草都是區域龐大到令人驚豔。冬季雖然沒有雪景，但夜晚灯海活動，夢幻動人，幾乎四季來都不怕看不到讓你心動的美景。

時間 9:30～17:00(依淡旺季及季節調整) **休日** 週二(遇假日延隔日休)，年末年始 **價格** 入園大人(高中以上)¥450 **網址** hitachikaihin.jp

Tips 常陸海濱公園真的範圍非常大，再說一次、真的非常大，所以不要用平常的公園範圍區域來思考，來之前最好先把地圖研究一番。首先出入口一般以西口為主要進出；勝田駅是最主要的巴士接駁站；時間不多的人，要善用園區小火車、租借單車來協助行進；可以吃喝休憩的地方在西口最多，摩天輪區域以及最遠的玻璃屋咖啡。

備註 園區內交通：小火車、單車租借都在摩天輪兒童遊樂區

海濱公園必玩！

大観覧車「ブルーアイズ」

園區內萬一迷失方向，那麼抬頭看看摩天輪(Blue Eye)在哪裡，就能立即回過神來啦。摩天輪所在區域就是兒童遊樂園區，連園區裡的遊園小火車也從這裡出發。這裡也有一區龐大的玫瑰園、開花季節時，絕對要來賞花。

多達19項的各式遊樂器材，讓小朋友們都能玩的不亦樂乎

海濱公園必玩！

見晴之丘 (みはらしの丘)

見晴之丘就是粉蝶花、掃帚草種滿滿的丘陵區，整區光走完也很累人，但絕對值得走上到最高點，可以看到太平洋喔。而從西入口走到這裡就要將近20分，但光這條路線沿途最經典，時間不多的人的話就專攻這區。

海濱公園必玩！

Glass House / Sea Side Café

位在沙丘園區域，從西口走到這裡至少要30分鐘，但也可利用小火車。以玻璃帷幕蓋建的這棟建築，主要是提供遊客休憩及咖啡輕食的地方，最大的賣點在於可享受無遮蔽的美麗景觀。

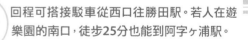

藍天、無邊際水池、大海都可一起入鏡。

千葉縣・茨城縣

巴士
10分

回程可搭接駁車從西口往勝田駅。若人在遊樂園的南口，徒步25分也能到阿字ヶ浦駅。

18:00

勝田駅
JR常磐線

Goal !

©Moomin Characters™

群馬縣排行程入門指南

栃木縣
群馬縣
埼玉縣
東京都

屏障在東京北側的埼玉縣‧栃木縣‧群馬縣，大約稱為北關東區域，這三縣由於縣境範圍廣大，初次拜訪這些地域的人，最好先以交通及旅遊經典熱區為範圍鎖定，會比較適合。而這三縣的優勢是，都有新幹線彼此串接，當想大範圍跨區時，也不至於太耗時間。

Q

我到埼玉縣‧栃木縣‧群馬縣光要各留幾天才夠？

A

這三個縣基本上都必須以成田或羽田為進出機場，再透過鐵道從東京直達，不過也因有新幹線及各式急行線鐵道便利的串接，以當日往返，2~3日的單一縣內或跨區旅遊都適合規劃。

Q

天氣跟台灣差很多嗎？

A

這三縣都是不臨海的內陸縣，但北側有較高的大山屏障，冬天平地區域一般不至於常常大雪紛飛，四季氣候相對溫和，但夏季氣溫有可能會較熱，高溫30度以上也不少見，最舒適季節落在春秋兩季，15~20度相對舒適。

Q

什麼季節去最美？

A

高山、河谷、高原、平原，造就關東三縣的地域變化多端，讓秋楓、春櫻、夏花、冬雪四季風情都不缺席，也有不少主題型花園吸引觀光客的目光，像是足利花卉公園的驚人紫藤瀑布般奔放，群馬的躑躅岡公園，光杜鵑就達1萬多株，都值得專程前往。

埼玉縣‧栃木縣‧群馬縣

有了基本認識後，現在，就來打造最適合自己的旅遊行程吧！

從機場、東京要搭什麼車前往埼玉縣·栃木縣·群馬縣

TIPS! 埼玉縣·栃木縣·群馬縣都須以成田、羽田為進出機場。

成田空港→埼玉縣·栃木縣·群馬縣
高速巴士
◎千葉交通

路線名	目的地	時間	價格
千葉交通	川越駅西口	約2小時	¥3,800
	東武足利市駅	約3小時	¥4,700
	JR宇都宮駅西口、JR日光駅	約2小時50分~3小時50分	¥4,500~5,000

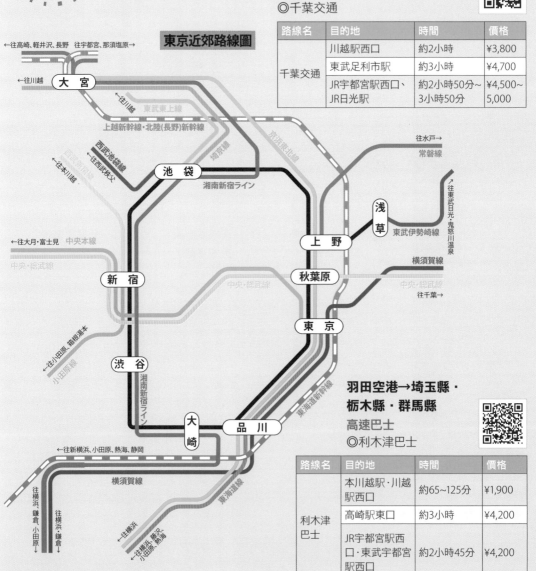

東京近郊路線圖

←往高崎、軽井沢、長野　往宇都宮、那須塩原→

←往川越　**大宮**

往川越

東武東上線

上越新幹線·北陸(長野)新幹線

埼京線

京浜東北線

西武池袋線

往西武秩父

往本川越

池袋

湘南新宿ライン

←往本川越

往水戸→

常磐線

浅草

往東武日光·鬼怒川温泉

東武伊勢崎線

←往大月·富士見　中央本線

中央·総武線

新宿

中央·総武線

上野

秋葉原

横須賀線

中央·総武線

往千葉→

←往小田原·箱根湯本

小田原線

渋谷

東京

湘南新宿ライン

東海道新幹線

大崎

品川

←往新横浜、小田原、熱海、静岡

横須賀線

東海道線

←往横浜

往横浜、鎌倉、小田原

往横浜·鎌倉

←往横浜·鎌倉

←往東京横浜·熱海

往小田原·熱海

羽田空港→埼玉縣·栃木縣·群馬縣
高速巴士
◎利木津巴士

路線名	目的地	時間	價格
利木津巴士	本川越駅·川越駅西口	約65~125分	¥1,900
	高崎駅東口	約3小時	¥4,200
	JR宇都宮駅西口·東武宇都宮駅西口	約2小時45分	¥4,200

東京→埼玉縣‧栃木縣‧群馬縣

鐵道
◎JR東日本

路線名	目的地	交通方式	時間	價格
JR東日本	日光	從東京 搭乘「東北新幹線」至宇都宮駅，轉搭「JR日光線」至日光 。	約55分+45分	¥5,150
		從淺草駅搭乘「東武鐵道特急列車(Kegon)」至東武日光駅。	約1小時47分	¥3,050
		從JR新宿 搭乘「日光號」直達東武日光駅。或搭「鬼怒川號」至新鹿沼轉搭「東武日光線」。	約1小時56分、2小時3分	¥4,090、¥3,880
		從池袋搭乘特急「日光號」(JR與東武日光共線)，可直達東武日光駅。	約1小時50分	¥3,960
	鬼怒川	從淺草駅可搭乘「東武鐵道特急列車リバティきぬ」直達東武的鬼怒川溫泉駅。	約2小時	¥3,240
		從新宿駅可搭「東武スペーシア」至「下今市」，轉乘「東武鬼怒川線」至鬼怒川溫泉駅。	約2小時30分	¥4,090
	川越	從新宿駅可搭「JR埼京快速線」直達川越駅。	約1小時	¥770
		從池袋駅可搭「東武東上線(急行)」直達川越駅。	約30分	¥490
		從西武新宿駅可搭「西武新宿線-急行」直達本川越駅。	約1小時	¥520
	高崎	從東京駅搭乘「特急Maxたにがわ」、「特急Maxとき」、「長野新幹線淺間號(あさま)」等都能直達群馬的主要車站高崎駅。	新幹線約55分	¥4,490
	草津溫泉	從上野搭乘「JR特急草津號」到長野原草津口駅轉乘「JR巴士」，至草津溫泉站下車。	約2小時15分(鐵道)+約35分(巴士)	¥5,570(鐵道)+¥710(巴士)
		從東京、上野駅搭乘「長野新幹線淺間號(あさま)」至輕井沢駅，轉搭「草輕交通巴士」、「西武高原巴士」，至草津溫泉站下車。	約1小時3分(鐵道)+約1小時20分(巴士)	¥5,490(鐵道)+¥2,240(巴士)
	伊香保溫泉	在高崎駅搭乘「JR上越線」、「JR吾妻線」到渋川駅轉乘「關越交通巴士」，至伊香保溫泉站下車。	約25分(鐵道)+40分(巴士)	¥420(鐵道)+¥670(巴士)

巴士
◎JR高速巴士

路線名	目的地	交通方式	時間	價格
高速巴士	草津溫泉	在新宿駅新南口搭乘「上州ゆめぐり號」可直達。	約4小時10分	¥4,000
	伊香保溫泉	在新宿駅新南口搭乘「上州ゆめぐり 」可直達。	約2小時30分	¥3,000

埼玉縣·栃木縣·群馬縣的
東西南北馬上看懂

埼玉縣:

埼玉縣跟東京邊界連結,幾乎是一日生活圈的概念,大概不用特地到埼玉找住宿地點,但如果是想到秩父一帶,住一晚會很適合,尤其若是想參加秩父祭,一定要提早規劃訂房。

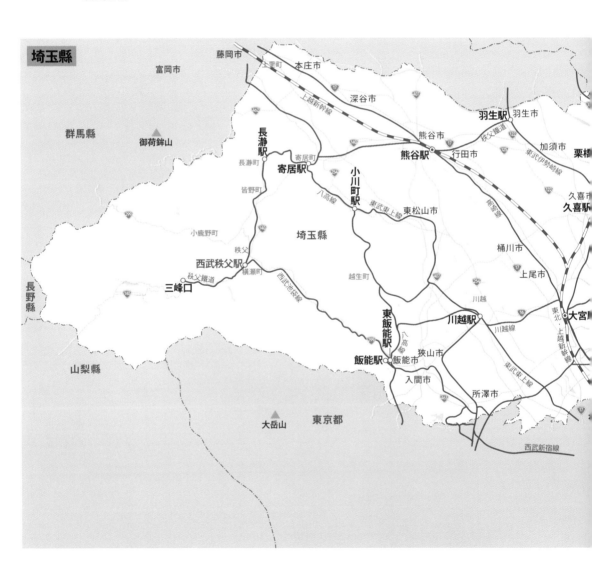

我要住哪一區最方便？

栃木縣：

栃木縣以知名的日光、鬼怒川溫泉、那須高原都很受觀光客喜愛，各區一天幾乎也很難玩得盡興，多住一晚絕對適合，日光中禪寺湖邊很多優雅飯店；鬼怒川溫泉的溫泉飯店都很精緻；那須高原則住宿多樣，溫泉和風或優雅歐式皆有。

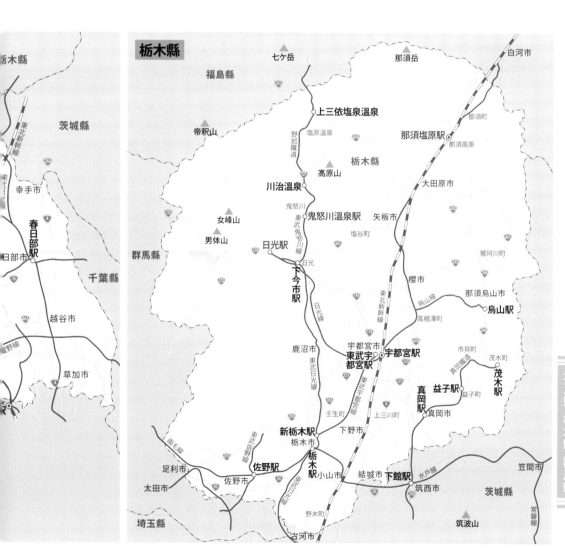

群馬縣：

群馬縣最主要觀光集中在草津溫泉區、伊香保溫泉區以及高崎市，溫泉區光自己本身就適合2天1夜，而高崎市因交通便利，適合做為據點再前往周邊一日往返之旅。

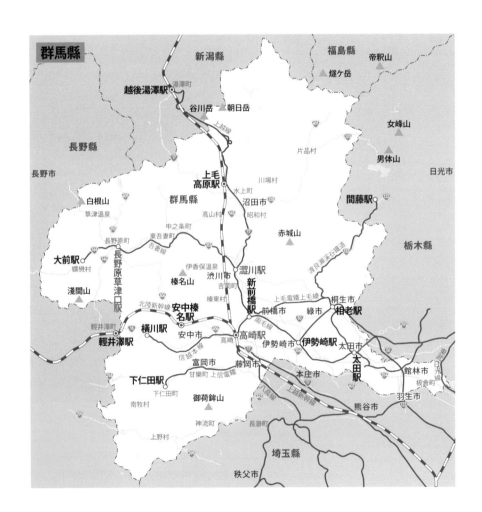

要搭車前先搞懂
這2張區域交通路線圖

東京廣域鐵道圖

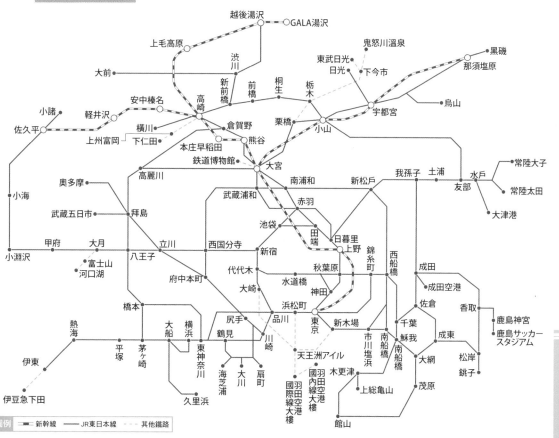

圖例　**━━ 新幹線**　**━━ JR東日本線**　**--- 其他鐵路**

埼玉縣・栃木縣・群馬縣

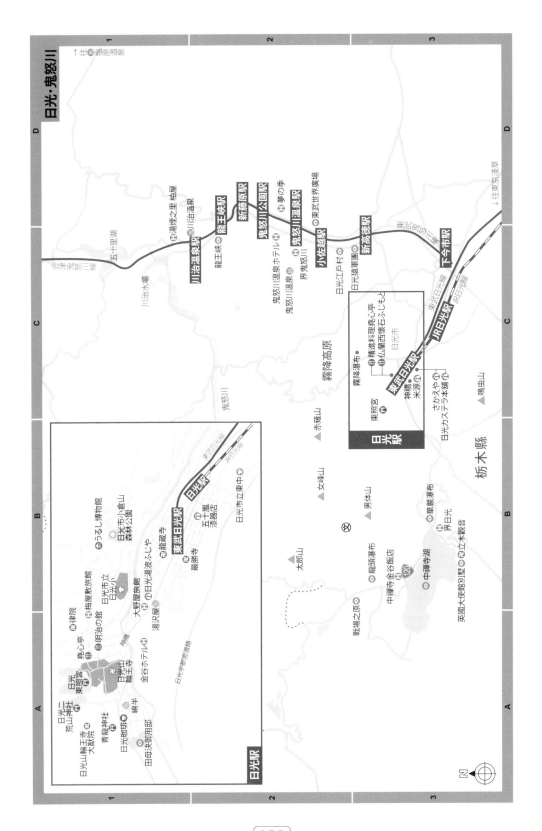

栃木縣

日光駅

東武日光駅

日光駅

有什麼優惠車票適合我？

	JR東京廣域周遊券 JR Tokyo Wide PASS	JR東日本鐵路周遊券(長野、新潟地區) JR EAST PASS (Nagano, Niigata area)	日光廣域周遊券 NIKKO PASS all area	川越優惠周遊券升級版 KAWAGOE DISCOUNT PASS PREMIUM
使用區間	JR東日本線(區域間) JR東日本新幹線(區域間) 東京單軌電車 伊豆急行線全線 富士急行線全線 上信電鐵全線 埼玉新都市交通(大宮~鐵道博物館) 東京臨海高速鐵道線全線 JR東日本與東武鐵道線互通軌道特急 東武鐵道線(下今市~東武日光、鬼怒川溫泉的普通線)	從東京前往周邊縣，尤其還想從長野再延伸至北陸，就可以用這張。可搭區域包含 【JR東日本線】(區域間) 【JR東日本新幹線】(區域間) 【伊豆急行線全線】 【北越急行線全線】 【越後TOKImeki鐵道】(直江津~新井區間) 【東京單軌電車全線】 【JR巴士】(區域內的高速巴士、部分公車路線除外)	適合從東京的淺草出發，並想前往日光及鬼怒川周邊。周遊券所涵蓋的交通工具： 【淺草~下今市間鐵路來回1次】 【日光地區的東武巴士全路線】 【日光江戶村循環巴士】 【日光鬼怒川線巴士(僅SL運行日)】 【中禪寺湖機船】 【低公害巴士】 【下今市~東武日光、新藤原間的東武鐵道全線】	周遊券升級版包含 【東武鐵道池袋~川越間內的來回票】 【川越站~川越市站為自由區間】 【小江戶名勝巡遊巴士】1日自由搭乘
價格	成人¥15,000、兒童¥7,500	成人¥27,000、兒童¥13,500	夏季(4/20~11/30) ¥4,780 冬季(12/1~4/19) ¥4,160	成人¥1,050，兒童¥540
有效時間	連續3天	連續5日	連續4日	1日
使用需知	·除了「埼玉新都市交通」外，在其他路線可走一般閘口。 ·欲搭乘指定席需劃位(不限次數) ·富士急行線「富士山特急」、「富士山View特急」1號車廂，與「富士登山列車」，均需另外付費。 ·「疾風」號、「鬼怒川」號、「日光」號等全車指定席列車，需劃位。 ·不能乘坐東海道新幹線及JR巴士。	·PASS票券皆適用自動票閘口。 ·若需搭乘東日本新幹線、特急列車的指定席，需利用網路、售票機或窗口另外預定。 ·日光區間的東武鐵道，搭乘規範見官網。 ·GALA湯澤站(臨時)僅於冬季~春季期間對外開放。 ·無法搭乘東海道新幹線。	·若要乘坐特急列車，請另行購買特急券，有打折！ ·搭乘SL「大樹」的旅客、請另外購買SL座位指定票。 ·搭乘當日只要於沿線合作設施出示票券，即可獲得各種優惠。 ·另有小範圍日光世界遺產周遊券2日券	·搭乘當日只要於沿線合作設施出示票券，即可獲得各種優惠。 ·另有不含巴士的川越優惠周遊券。
售票處	1-事先於JR東日本網站購買，抵日後取票。 2-抵日後於售票窗口持護照購買。 3-自行於有護照讀取功能指定席售票機購買&取票。 4-機場及各大JR車站外，更多日本當地購票&取票地點詳見網站。	1-台灣代理店購買(抵日取票)。 2-JR東日本網路訂票系統(預訂&抵日取票)。 3-抵日後直接購買(窗口&售票機)。	1-線上購買 2-成田空港SKYLINER & KEISEI INFORMATION CENTER 3-淺草東武旅遊服務中心 4-池袋東武旅遊服務中心	1-東武東上線池袋站售票窗口 2-東武TOP TOURS池袋分店 3-池袋東武旅遊服務中心等地
官網				
購買身分	非日本籍旅客，購買需出示護照。	非日本籍旅客，購買需出示護照。	外國旅客專用，同行的日本人亦可購買	非日本籍旅客，購買需出示護照。

埼玉縣·栃木縣·群馬縣

嚕嚕米&川越
親子1日遊

嚕嚕米公園　小江戶川越
時之鐘　藏造老街　菓子橫町

位在埼玉縣飯能市的嚕嚕米主題樂園，宛如誤入北歐童話森林的景緻，是嚕嚕米迷必打卡的主題樂園。以江戶風老街、神社聞名的川越，街道兩旁的漆黑屋瓦與千本格子窗的老式商家建築，彷彿走入了百年前的時光隧道。上午來場北歐旅行，下午穿越至江戶時代，一日體驗埼玉新魅力！

早	**09:30 東飯能駅** **10:00 嚕嚕米主題樂園/午餐**
午	**14:00 JR川越駅** **川越市** 冰川神社 川越城 本丸御殿 菓子屋橫丁 一番街藏之街 星巴克 時鐘小路店
晚	**18:30 本川越駅**

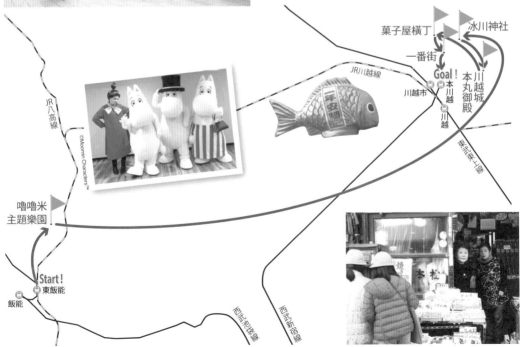

菓子屋橫丁　冰川神社
一番街
JR川越線
Goal！
本丸御殿
川越市　本川越　川越
川越城
東武東上線
JR八高線
©Moomin Characters™
嚕嚕米主題樂園
Start！
東飯能
飯能
西武池袋線　西武新宿線

北歐療癒X江戶古風。
埼玉一日親子玩瘋行程

Point! 景點離車站都有段距離，搭巴士是較省時、省力的玩法。

Start！

Tips 川越地區巴士單趟就要￥100~200，若會搭2~3次以上，可購買巴士一日券「小江戶巡回バス」￥500，或「小江戶名所めぐりバス」￥400。

東飯能駅
JR西武池袋線
09:30

￥200
巴士 13分
東飯能駅東口2號乘車處，搭乘往「メッツァ」方向巴士，下車後即達。

鐵道迷也可選擇上午去大宮鐵道博物館～

10:00

飯能市

嚕嚕米主題樂園

「嚕嚕米主題樂園」是亞洲第一間以嚕嚕咪為主角的遊樂園！園區內分為Metsä Village及Moomin Valley Park兩大區塊，Metsä Village為免費入場，以芬蘭度假風格為主，裡面有著不同的商店及市集；Moomin Valley Park則需入場費，這裡有著各樣遊樂器材、展覽表演及體驗工坊等，還有超多嚕嚕米相關的周邊商品，讓嚕嚕米迷愛不釋手。

停留時間 3小時

￥200
巴士 12分

回程搭到東飯能駅下車。在此轉搭乘JR八高線・川越線(約34分，￥420)到JR川越駅。

￥200
巴士 20分

川越駅東口搭東武巴士，至川越冰川神社下車即達。

JR川越駅
JR川越線

時間 Metsä Village：10:00~18:00，假日~19:00，Moomin Valley Park：10:00~17:00，假日~18:00 **價格** 大人(中學生以上)￥3,600，小孩(4歲以上小學生以下)￥2,200，3歲以下免費；園區內部份施設需額外付費(預購門票可折抵￥200) **網址** metsa-hanno.com/moominvalleypark

14:00

川越市

冰川神社

冰川神社1500年來一直以戀愛神社聞名，每早8點還有限量20份的免費「戀愛石」(結び玉)。神社境內有條小川，據說在此放流代表自己的小紙人，就能化解厄運，在主殿旁的繪馬參道相傳古時候奉納給神社是真的馬匹，後來由繪馬代替，這條繪馬隧道，十分壯觀。

停留時間 30分

時間 自由參拜 **網址** www.kawagoehikawa.jp

埼玉縣・栃木縣・群馬縣

步行
8分

14:40

川越市
川越城 本丸御殿

停留時間
20分

鄰近冰川神社建於1457年，直至明治維新之前，這裡的城主皆是身兼要職，可見對幕府而言，川越城的地位十分重要。明治維新川越城被拆除時，部份建築則因當作市役所、菸草工廠、中學而保存下來，也就是目前大廣間與玄關部份。

時間 9:00~17:00(入館至16:30) **休日** 週一(遇假日順延一天)、每月第4個週五(遇假日開放)、年始年末 **價格** ¥100、高中大學生¥50

日劇《仁醫》曾在館內的東走廊取景拍攝，歷史氛圍滿點。

川越老街區怎麼逛

川越老街包含一番街、菓子橫町、時鐘小路、大正浪漫夢通等，菓子屋橫丁是專賣懷舊零嘴的小街，許多流行雜誌在夏天時都喜歡來這裡取景。大正浪漫夢通是一副安靜、充滿大正時代浪漫氣息的商店街風貌，曾有銀座商店街的稱號。老街彼此串連在一起，可以花個一下午以散步方式慢慢逛。

從川越城本丸御殿跟川越美術館中間的路直走，可達菓子橫町。

步行
15分

15:20

可愛的各式駄菓子，不論大人小孩，都很容易在這裡淪陷。

川越市
菓子屋橫丁

停留時間
40分

這條古趣十足的小街上，聚集了十來家賣「駄菓子」懷舊零嘴的商家，可以嚐到用川越名物芋頭所做成的芋菓子、芋頭冰淇淋，還有昭和年代風情的點心糖果與彈珠汽水，許多流行雜誌在夏天時都喜歡來這裡取景，穿著夏季浴衣的模特兒，與街道上紅豔的和傘構成美麗的圖畫。

時間 約10:00~17:00(各店營時不一)

菓子屋橫丁這條巷子就位在一番街的最尾端，直接從這裡往車站方向逛吧。

16:00

川越市

一番街藏之街

停留時間
1.5小時

　因為一場燬掉全川越城三分之一建物的大火,因此現在川越所看到的商家建築,都是明治26年(1893年)後重建的,再建時為了防火選擇耐火的土藏造,蔚為特色。

　由於關東大地震與戰爭,東京都內土藏造建築漸漸消失,川越市卻完整保留約30多棟,現在改為商家極富古意。

造型特異的「時之鐘」,是川越老街最具代表的景緻。

時間 約10:00~18:00(各店營時不一)

步行
1分

在時之鐘旁邊。

川越市

星巴克 時鐘小路店

停留時間
30分

17:30

　川越最著名地標所在的「時之鐘」旁,2018年新開幕了一家星巴克咖啡。以當地的杉木建成與此一街區老建築融合的風貌外,店內座椅的坐墊也採用當地著名的「川越唐棧」織物,洗練挑高的簡約室內風格,充分展現在地特色。

時間 8:00~20:00 **網址** www.starbucks.co.jp/

車站附近的新富町商店街,晚上有許多特色居酒屋,也可以來這裡吃晚餐。

¥200

巴士
5分

一番街站搭乘東武巴士,至本川越站下車

18:30

本川越駅
西武鐵道

Tips

川越這裡主要有三個車站,分別為東武鐵道的「川越市駅」,西武鐵道的「本川越駅」,皆可直達池袋駅,離兩者稍遠的「JR川越駅」,則是會經由大宮再往東京前進。

Goal !

埼玉縣‧栃木縣‧群馬縣

日光・鬼怒川溫泉
周遊2日行程

世界遺產　日光東照宮　華嚴瀑布
中禪寺湖　鬼怒川溫泉　SL蒸汽火車

日光有名聞遐邇的二社一寺：東照宮、輪王寺以及二荒山神社，1999年經聯合國教科文組織登錄為世界遺產；奧日光則擁有優美的中禪寺湖、奔騰的華嚴瀑布，構成旅遊魅力。晚上就到鬼怒川泡溫泉住旅館，隔日再去看峽谷、搭乘蒸氣火車，感受日光廣域的多元豐富！

DAY2

早　10:00 鬼怒川溫泉區
　　龍王峽

午　13:00 日光江戶村／午餐
　　SL大樹

晚　17:30 下今日駅

DAY1

早　09:00 東武日光駅
　　10:30 中禪寺湖
　　　　　華嚴瀑布

午　13:00 日光二社一寺
　　明治の館／午餐
　　日光東照宮
　　二荒山神社
　　輪王寺

晚　18:30 鬼怒川溫泉區飯店

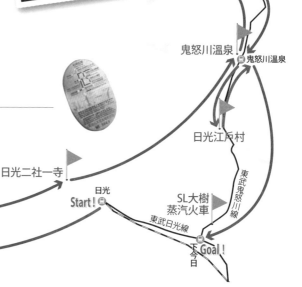

龍王峽・龍王峽駅
鬼怒川溫泉・鬼怒川溫泉
日光江戶村
東武鬼怒川線
日光二社一寺
日光 Start！
SL大樹 蒸汽火車
東武日光線
中禪寺湖
華嚴瀑布
下今日 Goal！

三大區跑透透，日光廣域黃金行程

DAY 1

Start!

Point! 華嚴瀑布中午過後易產生逆光，若想拍到好照片建議一早前往。

09:00 ¥1,300

東武日光駅
東武鐵道

若有時間可搭遊覽船，船班一小時一班，繞行一圈約55分。

搭乘東武巴士，至船の駅中禪寺下車即達。

巴士 **55**分

10:30

日光

中禪寺湖

停留時間 **1**小時

中禪寺湖是日光連山主峰男體山火山噴發時所形成的高山堰塞湖，周長約25公里，是栃木縣內最大的湖泊。秋天楓紅時分，碧藍的湖水襯著湛藍的晴空，倒映著深秋紅葉燦爛似火般的剪影，令人心醉不已，還成為電影《失樂園》的拍攝背景。

時間 9:30~15:30，每隔一小時1班船，共7班，冬季停駛 價格 一周¥1,680 網址 chuzenjiko-cruise.com

往華嚴瀑布方向步行，即可達觀瀑電梯搭乘處。

步行 **13**分

日光

華嚴瀑布

11:50

停留時間 **30**分

華嚴瀑布是日本知名度最高的三大名瀑之一，從97公尺高的岩壁上往下衝，聲勢格外不同凡響。華嚴瀑布5月春天兩側山壁染上新綠，6月白腹毛腳燕在四周飛舞，1~2月時細小水流會凍結成冰，一年四季風情萬種。

時間 觀瀑電梯9:00~17:00 (依季節而異) 價格 觀瀑電梯來回大人¥570、小孩¥340 網址 kegon.jp

Tips 往返奧日光的路上必會經過九彎十八拐的山路，尤其是伊呂波山道路段，提醒會暈車的人要事先吃藥喔～

埼玉縣．栃木縣．群馬縣

¥1,200

搭巴士 30分 華嚴瀑布入口搭乘東武巴士,至神橋下車,徒步8分即達。

以「非禮勿視、非禮勿聽、非禮勿言」聞名的三猿雕刻,是境內最具代表的雕刻。

日光二社一寺

明治の館 **13:00**

停留時間 1小時

原是明治時代美國貿易家請來日光工匠不惜時間成本打造,其中以亂石砌方式築造的日光石石牆,更是珍貴的近代遺產,因此於2006年列入「登錄有形文化財」。店內提供家常西式料理,還推出多項結合湯波、干瓢等當地特產的菜色,深受歡迎。

時間 11:00~19:30
價格 オムレツライス(炸豬排蛋包飯)¥1,870 **網址**
www.meiji-yakata.com

步行 8分

日光東照宮 **14:00**

日光二社一寺

停留時間 1小時

1999年12月登錄為世界遺產的日光東照宮,是為了祭祀江戶幕府第一代大將軍德川家康,1617年由二代將軍秀忠開始修建,而到了三代將軍家光時,更花下大筆經費、窮天下工匠絕藝將東照宮修築得絢爛奪目,境內的陽明門更是之最。

時間 4~10月9:00~17:00,11~3月9:00~16:00
價格 高中生以上¥1,300 **注意** 目前正進行平成大修理,最新進度請查閱官網。 **網址** www.toshogu.jp

步行 2分

日光二社一寺

二荒山神社 **15:00**

停留時間 1小時

二荒山神社是日光山岳信仰的主祭神社,建築莊嚴充滿著神道教的樸實無欲,神苑中有股稱做「二荒靈泉」的神泉,傳說喝了可以治療眼疾,一旁的茶亭還有賣用此靈泉所製的抹茶和咖啡呢。

時間 4~10月8:00~17:00、11~3月8:00~16:00 **價格** 神苑¥300、寶物館¥500
網址 www.futarasan.jp

步行 11分

二荒山神社旁的大猷院為三代將軍德川家光的墓所，朝東照宮而建表示對祖父的尊崇，若有時間可以順帶一遊～

日光二社一寺
輪王寺

16:00

停留時間 **1小時**

日光山輪王寺為天台宗的信仰重地，相傳是766年日光開山聖祖「勝道上人」所開建，祭祀著千手觀音、阿彌陀佛、馬頭明王，分別象徵著日光三山的男體山、女峰山以及太郎山，鎮守著日光山中神靈聖地。其中三佛堂，為日光山中最大的建築物。

¥350
巴士 7分

步行6分前往西參道入口搭乘東武巴士，至東武日光駅下車。

17:30

東武日光駅
東武鐵道

時間 4~10月8:00~17:00、11~3月8:00~16:00
價格 輪王寺券(三佛堂‧大猷院)¥900　網址
www.rinnoji.or.jp

住宿推薦

鬼怒川Grand Hotel 夢の季

飯店位於車站附近，從大廳到客房都是一貫的和風雅致，會席料理選用最新鮮的本地食材，男女大浴場皆能欣賞到鮮艷的四季景色更迭，深獲好評的乳白色微粒子氣泡讓肌膚光滑柔細，更有獨立的個人溫泉風呂。
交通 鬼怒川溫泉駅徒步8分 時間 Check-in 15:00~19:00，Check-out ~10:00 價格 一泊二食每人¥17,000起(兩人一房) 網址 www.kgh.co.jp

住宿推薦

界 鬼怒川

位在鬼怒川畔的小高台，在大自然與日本傳統工藝中找尋平衡點，界鬼怒川在設施各處大量地使用當地的益子燒、黑羽藍染、鹿沼組子等工藝，帶領人們在四季中體驗鬼怒川的宿泊真諦。
交通 鬼怒川駅前5號巴士站搭乘路線巴士至飯店正門入口下車，徒步約5分 時間 Check-in15:00，Check-out12:00 價格 一泊二食每人¥28,181起(兩人一房) 網址 hoshinoresorts.com/ja/hotels/kaikinugawa/

¥330
鐵道 40分

搭乘東武鐵道，至鬼怒川溫泉駅下車。
【注意】中途會在下今市駅短暫停車5分，不需下車。

18:30

鬼怒川溫泉駅
東武鐵道

Stay!

埼玉縣‧栃木縣‧群馬縣

Start!

10:00

鬼怒川

鬼怒川溫泉區

停留時間
40分

前一晚太晚抵達,還沒看清這溫泉鄉的面貌,早上起來,就去鄰近的溫泉街上、鬼怒川邊散步吧。日光的鬼怒川溫泉,做為湯治地的歷史悠久,全長176.7公里的鬼怒川奔流於關東平原上,上游就是知名的溫泉鄉鬼怒川溫泉,每年約吸引200萬人次前來泡湯,是東京人最喜愛的「奧座敷」。接著搭上鐵道往北3站,去龍王峽賞景吧。

下車即達。 龍王峽駅 東武鬼怒川線

鐵道 30分 ¥160

11:10

鬼怒川

龍王峽

停留時間
1小時

鬼怒川秋景最美的地方,莫過於龍王峽,龍王峽是距今二千二百萬年前的海底火山活動,噴發後所形成的火山岩層,經過鬼怒川溪流數百萬年的切割侵蝕後,形成現在奇岩怪石裸露的溪流奇景,迫力驚人的溪谷風景狀似一尾巨龍,因此命名。

時間 自由參觀
網址 www.ryuokyo.org

東武鐵道搭回到鬼怒川駅。

鐵道 30分 ¥160

在鬼怒川駅轉搭巴士前往江戶村。

巴士
20分
¥420

13:00 鬼怒川
日光江戶村

停留時間
3小時

重現江戶時代中期的日光江戶村，是《仁醫-Jin》、《貓侍》等時代劇、電影的取景地。穿過大門，彷彿走入四百年前的時光，古時町屋、商家與武家屋敷建築，穿著傳統服飾的村民們漫步其中，真實地讓人相信自己正置身在江戶時代。日光江戶村還提供許多精彩表演及變裝體驗，玩上一整天都還意猶未盡。

時間 9:00~17:00(依季節變動)
價格 成人¥5,800(14:00以後¥5,000)
網址 wedowonderland.net/

穿越時空到江戶時代，大家都超入戲！

巴士
20分

搭乘路線巴士回鬼怒川駅，從這裡搭乘16:43出發的SL蒸汽火車。

16:40 鬼怒川
SL大樹

停留時間
1小時

東武鐵道曾以貨物運輸為大宗，全盛時期有85台SL(蒸氣火車)在這段路線上奔馳著，2018年在東武鬼怒川線、下今市駅至鬼怒川溫泉駅之間12.4公里的路線上復活，名為大樹。大樹是德川家將軍的尊稱，而 LOGO 上的三具動輪，代表的正是連結日光、下今市、鬼怒川三區域。現在除了往鬼怒川的路線外，也有一條是從下今市駅～東武日光駅的路線，車程約20分。

時間 下今市駅←→鬼怒川溫泉駅，每日4班次，詳見網站(單程約35分)
價格 大人¥760~1,080、小孩¥380~540(依不同型號收費)
網址 www.tobu.co.jp/sl/

來到日光除了搭一般鐵道，不妨也安排體驗看看用SL蒸氣火車的移動風景。

SL
35分
¥760~1,080

17:30 下今市駅
東武鐵道

出站即達。

Goal！

那須高原皇室優雅風情
1日遊

那須高原　小美術館　甜點　動物農場

歐風建築別莊　溫泉

那須高原是皇室喜愛的度假避暑勝地，初春時節花開似錦；仲夏時氣溫涼爽怡人；秋天紅葉與波斯菊，將地面與天空都染紅；隆冬時分的那須高原則是愛好滑雪者的天堂；更是美味的甜點天堂，加上林間四處散佈的小美術館等，成為年輕女性休閒度假的最愛！

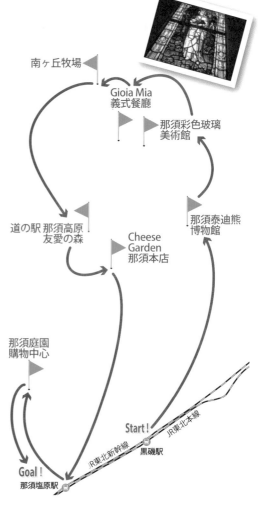

南ヶ丘牧場

Gioia Mia
義式餐廳

那須彩色玻璃
美術館

道の駅 那須高原
友愛の森

Cheese
Garden
那須本店

那須泰迪熊
博物館

那須庭園
購物中心

Start！

JR東北新幹線　　JR東北本線

黑磯駅

Goal！
那須塩原駅

早
09:30 黑磯駅
10:00 那須高原
　　　　那須泰迪熊博物館
　　　　那須彩色玻璃美術館

午
12:00 Gioia Mia義式餐廳／午餐
　　　　南ヶ丘牧場
　　　　Cheese Garden 那須本店

晚
17:00 那須庭園購物中心
19:00 那須塩原駅

日本皇室度假地，
優雅高原飄散歐風情調

Point! JR黑磯駅、JR那須塩原駅是那須高原的入口站，有新幹線串聯。

Tips 景點離車站都有段距離，雖然有高原觀光周遊巴士串聯，但得先搭路線巴士去友愛之森才能開始串路線，且班次1-2小時一班次，租車自駕是最效率的方式。

Start！

09:30

黑磯駅
JR東北本線

開車
16分

10:00

那須泰迪熊博物館

停留時間
1小時

有如位在森林間的泰迪熊博物館，穿過花園後就是一棟磚紅色的歐風建築。館內以各式的泰迪熊造型與場景搭配，並以設計師所創意下的泰迪為主，衣服造型、樣貌千變萬化，二樓則是長期展區的龍貓特展，電影裡的場景一一在此重現。

時間 9:30~17:00(入館至16:30) **休日** 2、3、6、12月的第2個週二，2月的第2個週三。遇假日開館
價格 大人¥1,500、中高生¥1,000、小學生¥800
網址 www.teddynet.co.jp/nasu

開車
4分

美術館內陳列著古董沙發和桌燈，以貴族居家空間方式來展示。

11:00

那須彩色玻璃美術館

停留時間
1小時

仍保有濃厚貴族風格的英國科茲窩丘陵區域，由於跟那須的氛圍很像，美術館便以當地領主宅邸為意象，進口當地的萊姆石，建造出風格與氛圍都極度相似的美術館建築群。展示空間宛如進入貴族家宅邸般，有客廳、起居、庭院、小教堂等，19世紀各式彩繪玻璃、骨董家具等就置入其間，優雅又美麗。

時間 9:30~17:30，10~3月~16:30 **價格** 大人¥1,300、中高生¥800、小學生¥500 **網址** sgm-nasu.com/

開車
3分

12:00 **Gioia Mia義式餐廳**

停留時間
1小時

被森林與各式花草庭園圍繞的兩棟可愛歐式房子，1993年開幕至今，營業超過30年，是那須高原人氣義大利餐廳，不但皇室家族曾經光臨過，很多藝人來度假也愛來。提供義大利各地的料理為主，除了麵體採用義大利領導品牌，橄欖油、火腿等食材也都很講究。

時間 11:00~21:00(L.O.20:00)、週六連休~22:00
價格 義大利麵單點¥1,000~（套餐¥2,000~）
網址 www.gioiamia.jp

充滿歐洲鄉村雅致氣氛，連皇室都光臨過的美味餐廳。

開車
6分

13:20 **南ヶ丘牧場**

停留時間
1小時

牧場內可以體驗餵食動物外，還有騎馬等活動。

這個吃喝玩樂全都包，還能與小動物度過快樂時光的牧場，入場免費。1948年開業至今的牧場，沒有過多人工、以維持自然的牧場型態、提供多元親子體驗育樂，牧場裡有可近距離觸摸動物的區域、騎馬、釣魚、射箭等，室內區有各式體驗DIY區及餐廳與賣店，親子很適合。

時間 8:00~17:30(依季節、天候變動) 價格 入場免費。牧場內體驗設施，依不同區域收費 網址 www.minamigaoka.co.jp

Tips

乳品生產量佔全國第一北海道之外，第二名就是那須高原了。由於那須高原空氣清新、無汙染的廣大區域內所生產的牛奶，脂質濃厚，做成各式乳製品、甜點都相當廣受好評，尤其是起士類，更是絕對值得品嚐。

冠上「御用」就知是皇室御用等級的美味了。

15:00

開車
22分

Cheese Garden
那須本店

停留時間
1小時

知名的人氣起士蛋糕伴手禮御用邸起士蛋糕就是來自這裡，這家本店相當廣大，有數個建築串在一起，有甜點賣店、餐廳、咖啡廳，販售各式適合搭配美味起司用的火腿、紅酒、茶葉的小超市都有。買東西、喝下午茶、吃餐點，通通沒問題。

時間 9:00~18:00(餐廳L.O.17:00)(依季節調整)
價格 3種起士蛋糕¥840，御用邸起士蛋糕(切片)¥510　網址 cheesegarden.jp/

車子開往那須塩原駅方向，若需先還車，則可從這裡搭最後一班往購物中心免費接駁車16:45。

那須
塩原駅
JR東北本線

巴士
8分

17:00

巴士
8分

那須庭園購物中心

停留時間
1.5小時

那須高原上難得一見的大型暢貨中心，環繞於田園之中更顯悠閒逸致。店家涵蓋COACH、GAP、BWAMS等100家以上的著名品牌，一旁另設有販售那須農產品的超市，購物中心內設置休憩區、餐廳等，從那須塩原駅也可轉乘免費巴士到此相當方便。

時間 10:00~19:00(依季節營時不同)　網址
www.nasu-gardenoutlet.com

免費接駁車往車站，最後一班次是20:35

那須
塩原駅
JR東北本線

19:00

Goal！

埼玉縣‧栃木縣‧群馬縣

草津·伊香保兩大溫泉

養身之旅2日🏷️

草津　伊香保　湯治

溫泉饅頭　湯畑　石段街

溫泉湧量日本數一數二的草津，超高溫的湯泉造就溫泉街煙暈處處，冬天更是滑雪勝地，還有很嗨的翻湯舞，隨時都熱鬧得很；距離1個多小時車程外的伊香保，則顯得溫柔又靜謐，深受大正、昭和年代文人喜愛的這裡，簡單的一條石階梯，串起溫泉區的百年風采。

DAY1

早 **09:30** 渋川駅
10:30 伊香保溫泉
伊香保神社
河鹿橋
湯乃花饅頭 勝月堂

午 **12:00** 石段街/午餐
伊香保關所
舊夏威夷王國公使別邸

晚 **17:00** 草津溫泉區飯店

DAY2

早 **09:30** 草津溫泉區
熱乃湯
草津國際滑雪場 /午餐

午 **14:30** 茶房ぐーてらいぜ
湯畑& 湯畑廣場

晚 **17:00** 草津溫泉巴士總站

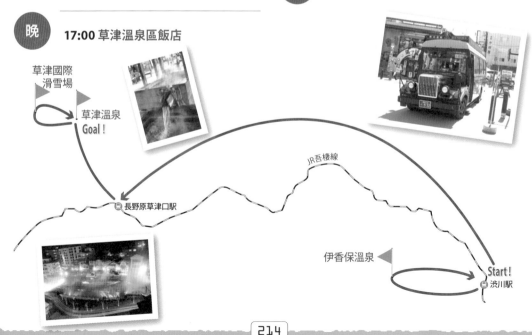

草津國際滑雪場

草津溫泉 Goal !

JR吾棲線

長野原草津口駅

伊香保溫泉

Start !
渋川駅

關東最人氣2大溫泉，
一次走透透！

・DAY1

Point! 2大溫泉區都在群馬縣、相距不遠，有JR吾棲線可以串，但都還得搭個巴士約30分才能進到溫泉區內。

Start！

09:30 🚍 渋川駅
JR吾棲線

¥670

站口搭乘巴士至伊香保站，下車步行2分即達石段街。先一口氣走到最上面的神社吧。

巴士 **35**分

伊香保溫泉

10:30 **伊香保神社**

停留時間
20分

西元825年所建造的伊香保神社，在上野國(其範圍約為現在的群馬縣)12社中，居於富岡的貫前神社(一之宮)、赤城山的赤城神社(二之宮)之後，列為三之宮。建於石段街的最頂端，充滿著莊嚴寧靜的氣氛，主要信奉的是大己貴命與少彥名命，為溫泉、醫療之神，這裡也有求子神社之稱。

時間 自由參拜

步行 **8**分

紅色的河鹿橋與秋季紅葉相映成趣，更顯其豔麗。

伊香保溫泉

11:00 **河鹿橋**

停留時間
30分

從神社繼續往上走，沿途綠意盎然，最後會抵達有著黃金湯湧泉口的伊香保露天風呂，在抵達露天風呂前、步道就會先接近2河交會口，一片綠意林蔭中顯現的河鹿橋，紅色太鼓橋造型相當優雅。不論新綠、楓紅時節、冬白雪都很優雅美麗，秋天時晚上還會打燈增添詩意。

抵達河鹿橋後可以繼續走到伊香保露天風呂再回頭到神社，沿途也有溫飲泉，有興趣可以試試。

伊香保溫泉

湯乃花饅頭 勝月堂

停留時間 20分

11:40

伊香保的溫泉饅頭又跟其他地方的不一樣，名叫湯花溫泉饅頭，因饅頭顏色是仿造湯花的茶褐色，便取為其名。湯花饅頭的元祖是1910年創業的勝月堂，茶褐色的饅頭皮有著濃濃的黑糖味，越嚼越香，北海道產的紅豆內餡口感綿密，讓人無法忘懷。

時間 9:00~18:00　**網址** shougetsudo.net

買顆美味饅頭在店門口座位享用，稍事休息再繼續逛。

勝月堂在石段街最上端、神社外，享用完饅頭就繼續走往下逛吧。

步行
1分

12:00

伊香保溫泉

石段街

停留時間 2小時

石段街上有土特產店、溫泉饅頭店、溫泉旅館、公共溫泉湯屋等，深受竹久夢二等作家喜愛之地。隨時光推移街道不斷整頓，現在所見是2010年重修，總共有365階，象徵著365天都能溫泉客盈門、熱熱鬧鬧。很多人喜歡在清晨或是傍晚在此漫步，傍晚的店家陸續關門，昏黃的路燈亮起，散發著柔和的溫泉鄉魅力。

湯煙四溢的石階梯，最有大正年代的懷舊古味。

伊香保溫泉

步行 15分 石段街走到階梯最下方。

14:00

伊香保溫泉
伊香保關所

停留時間 20分

現今的伊香保關所的建築，是復原1631年當時幕府所下令設置的伊香保關所，所謂「關所」是過去來往三國街道的路上所設置的關卡，就像現在的海關；伊香保關所裡面展示著當時留下來，管理來往旅行者的通行證、文獻、兵器等古物供遊客參觀，可以藉此了解當時來往伊香保旅人們的景象。

時間 9:00~17:00、11~3月9:00~16:30 **休日** 第2、4個週二 **價格** 免費參觀

步行 1分 就在對面。

伊香保溫泉

14:20

舊夏威夷王國公使別邸

停留時間 20分

這棟當地人稱之為「愛爾文別墅」的舊夏威夷王國公使別邸，昭和60年(1985年)為日本移民夏威夷100週年紀念，群馬縣與伊香保町的文化保護委員會協定，將此建築作為史跡博物館開放參觀，裡面展示著當時駐日夏威夷王國代表Robert Walker Irwin的遺物，以及當時遺留下來的資料與照片。

時間 9:00~16:30 **休日** 週二(遇假日順延)、年末年始 **價格** 成人¥200、小中高生¥100

¥860

巴士 30分 搭巴士回到渋川駅，約30分。再轉搭JR吾棲線到長野原草津口駅

住宿推薦

奈良屋

歷史情緒滿溢的奈良屋，是草津溫泉區的老舖和風旅館，全館共有11間風情各異的客房，裡外都充滿古風，讓人追憶草津過往，品味當年。館內溫泉則是草津6大泉源中最古老的白旗泉源。

交通 草津溫泉巴士站徒步6分 **時間** Check-in 14:00、Check-out 11:00 **網址** www.kusatsu-naraya.co.jp

住宿推薦

HOTEL一井

位在湯畑前，擁有湯畑第一排的最佳景觀，創立自江戶時代，簡潔的白色西式旅館建築，一進到裡面卻彷若瞬間回到大正、昭和時代的洋風浪漫氛圍。充滿老派氣氛的和洋餐廳「季味的浪漫」也很適合用餐。

交通 草津溫泉巴士總站徒步5分 **時間** Check-in 14:00、Check-out 10:00 **網址** www.hotel-ichii.co.jp/

17:00

長野原草津口駅 **JR吾棲線** 站口就有巴士前往草津溫泉巴士總站，班次很多，約25分、¥710

Stay!

Start!

`09:30`

草津溫泉
熱乃湯

停留時間
30分

草津源泉溫度極高，為了不稀釋以保留療效，自古以來發展出使用長木槳攪拌、使溫泉降溫的獨特方法。熱乃湯將此一傳統以「湯もみと踊りショー」表演方式讓旅客體驗；穿著傳統服飾的女性們，一面吟唱古老溫泉民謠、一面動作整齊地攪拌溫泉，欣賞表演中間也開放2次讓民眾親自下場免費體驗。

時間 9:30~16:30，一日6場、每場20分鐘 價格 大人¥700、小孩¥350；湯揉體驗場次(湯もみ体験)另加¥350 網址 www.kusatsu-onsen.ne.jp/netsunoyu

完成揉湯體驗還有「湯揉證書」！

徒步6分至草津溫泉巴士總站6號線，搭乘免費接駁巴士、車程約5分。

巴士
5分

草津溫泉
草津國際滑雪場

停留時間
3.5小時

`10:30`

草津雪場以乾爽優良的雪質名聞遐邇，還有處坡度達28度的上級滑雪道「天狗之壁」，是滑雪高手們絕對不會錯過、可大展身手的地方。也有許多適合初學者與家族同樂的坡道，初學者可以租用滑雪裝備，參加滑雪課程。夏天則變身滑草、溜索等各式刺激戶外活動場，光來居高賞景用餐都很舒適。

時間 8:30~17:00(依季節變動) 價格 吊椅：單次¥600、一日券大人¥5,400 網址 www.932-onsen.com/winter/index

滑雪不用去北海道，這裡也有粉雪阿。

小小孩也有獨立的滑雪區，及附設照護員的室內遊戲區。

搭免費接駁巴士回到草津巴士總站，再徒步6分到湯畑。

草津溫泉

茶房ぐーてらいぜ

停留時間
1小時

位於湯畑旁邊街口轉角處，面向鄰街有大片玻璃窗，坐在窗邊喝咖啡、看湯畑冉冉湯煙恣意又舒服。茶房屬於草津歷史最老的旅館「日新館」附屬咖啡廳，原本是風呂場的建築物，後來變身為咖啡館，優雅木質調的咖啡館內，提供各式咖啡、茶類、自家烘培甜點。

時間 9:30~17:30 **休日** 週二 **價格** 咖啡¥450起，午茶套餐¥750 **網址** www.nisshinkan.com/cafe

湯畑旁的本家ちちや饅頭，買回家當伴手禮外，也有熱騰騰的可以現場吃。

位於湯畑旁邊有處免費足湯，邊泡湯邊欣賞湯畑，超理想。

步行
1分

15:30

草津溫泉

湯畑&湯畑廣場

停留時間
1小時

位在草津溫泉街中心位置的湯畑，是造訪草津溫泉的必遊景點，「湯畑」在日文意思是「溫泉之田」，因為湯畑所湧出的泉源溫度太高，自古便傳下一種「湯揉」的儀式，用長木板不斷攪拌溫泉水，以調節湯溫使溫度下降。湯畑周邊有一些公共溫泉浴池外，更是商店聚集區。

時間 9:00~18:00(各店營時不一)

Tips

草津的旅程結束後，除了搭巴士回到長野原草津口駅，搭乘JR吾棲線轉往其他地區外，也能直接在草津溫泉巴士總站搭乘草輕巴士前往輕井澤駅，只需1.5小時，但須注意班次問題，大約15:50會是最後一班。
網址 www.kkkg.co.jp/bus/rosen-bus.html

步行
6分

17:00

🚌 草津溫泉
巴士總站
草輕交通

Goal !

埼玉縣·栃木縣·群馬縣

從高崎出發~世界遺產、蒸汽火車 1日遊

世界遺產　富岡製糸場
SL蒸汽火車　鐵道便當
群馬達摩

高崎是群馬縣最大城，這裡城市意象光鮮，雖不是旅遊熱門大點，卻是最佳住宿轉運點。有新幹線及各路鐵道在此交會，往草津·伊香保，往富岡市、往水上溫泉鄉等，從這裡都很方便。而從高崎出發30分鐘就能抵達世界遺產所在富岡市、假日有SL蒸汽火車從高崎駅出發，也非常不可思議。

旦	**09:30** 高崎駅 **09:47** SL群馬蒸汽火車 **11:00** 横川駅 　　　碓氷峠鉄道文化村 　　　荻野屋 本店/午餐
午	**14:00** 上州富岡駅 　　　富岡製糸場 **16:00** 高崎駅 　　　群馬いろは 　　　達摩鐵道便當
晚	**17:30** 高崎駅

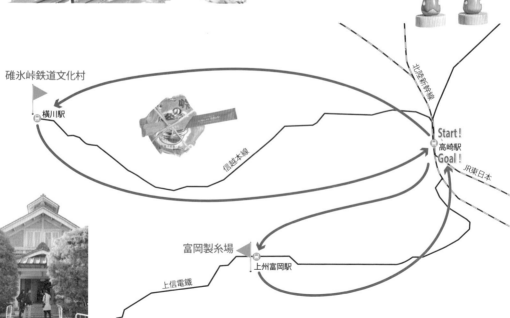

碓氷峠鉄道文化村

横川駅

信越本線

北陸新幹線

Start !
高崎駅
Goal !

JR東日本

富岡製糸場

上州富岡駅

上信電鐵

週末休日**來去高崎周邊一日遊**

Point!
群馬縣交通最便利的發散點就在高崎駅，各式鐵道、巴士四通八達。

Tips
如果有購買ＪＲ東日本PASS的人，也可搭乘SL蒸汽火車喔。(詳見P199)

Start!

09:30　高崎駅　JR東日本

蒸汽火車發車點就在高崎駅，這趟先選擇1小時車程的橫川路線。

有很多不同蒸汽火車輪番行駛，讓人好想趟趟都收集。

> 高崎

SL群馬蒸汽火車

停留時間　**1**小時

　群馬縣由於有保存完好的各式蒸汽火車，加上過往曾經駕駛及維修的人才，休日期間都能讓觀光客開心從交通最便利的高崎駅出發，搭上古董蒸汽火車出遊去。目前主要出發路線有2條，沿途風景各有特色，一條是高崎～水上(2H)，一條是高崎～橫川(1H)，限定週末一天僅一台出發，至於當天路線是哪條，要上網去查看喔。

時間 週末、例假日運行，一日一班次約9:47出發
休日 平日　**價格** 高崎～水上，單程¥1,520；高崎～橫川，單程¥1,040　**網址** www.jreast.co.jp/railway/joyful/slgunma.html　**備註** 需預約，不一定週週都有出發，請見官網發車曆

下車後步行3分。

橫川駅　JR信越本線　　¥1040　SL火車 **60**分

> 橫川

碓氷峠鉄道文化村

停留時間　**1**小時

　碓氷峠鉄道文化村由廢止的橫川轉運站轉型而成的園區，珍藏了能克服險峻路段的EF63等三十多輛珍貴火車，不僅可以觀賞還能碰觸這些珍寶，同時在園區中還能報名學習並駕駛EF63的課程，也可以坐上迷你蒸汽火車，體驗繞行園區的樂趣。

時間 9:00~17:00(依季節更動)　**休日** 週二(8月無休)
價格 成人¥700(搭乘迷你蒸汽火車另外付費)　**網址** www.usuitouge.com/bunkamura/index.php

步行
3分

横川

荻野屋 本店

千里迢迢來到這裡，橫川車站邊的「峠の釜めし」必吃，

停留時間
40分

1885年創業的老舖荻野屋，從1958年開始發售的這款便當，號稱日本最古老的鐵路便當，以益子燒作成的食器，盛入以醬油入味及加入雞肉栗子牛蒡等食材的米飯，是日本鐵道迷最懷念的滋味。

經典不敗的「峠の釜めし」鐵路便當。

12:00

¥510

電車
31分

從橫川駅搭乘一般路線電車(JR信越本線)回到高崎駅。

¥810

電車
37分

從高崎駅再轉搭上信電鐵

時間 10:00~16:00
休日 週二 **價格** 峠の釜めし¥1,300

上州富岡

下車後徒步11分。

上州
富岡駅
上信電鐵

14:00

富岡製糸場

十九世紀末，明治時代政府為了實現近代化之理想，積極進行絲綢外銷，在富岡引進大型機械並大舉招募女工，樹立了模範工廠。至今大部分建築仍保持著明治時代創立時的良好狀態，因為對日本近代發展史極具重要歷史地位，現被列入世界文化遺產。

停留時間
1.5小時

時間 9:00~17:00 **休日** 年末年始 **價格** 成人¥1,000 **網址** www.tomioka-silk.jp/tomioka-silk-mill/

繰絲廠、蠶繭倉庫等主要建築，幾乎保持著從明治創廠至今的樣態。

搭乘電車返回高崎站。

高崎駅
上信電鐵

¥810

電車
37分

16:00

高崎

群馬いろは

停留時間
1小時

就位在高崎站2F，出票閘口對面就是了。位於高崎駅東口的 E'site 商場裡的群馬いろは，搜羅群馬縣內的逸品、名品、伴手禮，像是達摩不倒翁就有滿滿一個櫃位，所有想得到的群馬伴手禮、酒品、地產、各式工藝品等全數羅列，逛個1個小時都嫌不太夠。

時間 9:00~21:00、週末假日~20:00　**網址** www.e-takasaki.com

GATEAU FESTA HARADA酥餅是排隊名店。

步行
1分

便當店在群馬いろは斜對面。

群馬的達摩不倒翁生產量第1，可以看到各式達摩造型。

17:00

高崎

達摩鐵道便當

停留時間
10分

高崎駅也有一款人氣長青便當不可錯過。從昭和35年就開始販售，堪稱大受歡迎又長壽的一款鐵道便當。菜色以加入醬油調味的茶米飯為基本，再擺入各式群馬地產美味，像是山菜、雞肉、椎茸等近12種配菜。

時間 6:30~21:00　**價格** 達摩便當¥1,300、Kitty達摩便當¥1,380　**網址** www.takaben.co.jp/

17:30

達摩便當就在高崎駅東口票閘口鄰近。

高崎駅
JR東北本線

Goal !

埼玉縣・栃木縣・群馬縣

超簡單！
東京近郊
排行程

9大 區域　**28**條 路線　**260⁺**個 食遊購宿

一次串聯！

1～2日行程讓新手或玩家都能輕鬆自由行

作者墨刻編輯部
攝影墨刻編輯部
編輯周麗淑
美術設計許靜萍・詹淑娟・洪玉玲・駱如蘭・羅婕云
封面設計羅婕云
地圖繪製墨刻編輯部・Nina

出版公司
墨刻出版股份有限公司
地址：115台北市南港區昆陽街16號7樓
電話：886-2-2500-7008／傳真：886-2-2500-7796／
E-mail：mook_service@hmg.com.tw
發行公司
英屬蓋曼群島商家庭傳媒股份有限公司城邦分公司
城邦讀書花園：www.cite.com.tw
劃撥：19863813／戶名：書虫股份有限公司
香港發行城邦（香港）出版集團有限公司
地址：香港九龍土瓜灣土瓜灣道86號順聯工業大廈6樓A室
電話：852-2508-6231／傳真：852-2578-9337／
E-mail：hkcite@biznetvigator.com
城邦（馬新）出版集團 Cite (M) Sdn Bhd
地址：41, Jalan Radin Anum, Bandar Baru Sri Petaling,
57000 Kuala Lumpur, Malaysia.
電話：(603)90563833／傳真：(603)90576622／
E-mail：services@cite.my
製版・印刷
凱林彩印股份有限公司
ISBN978-626-398-010-5・978-626-398-005-1 (EPUB)
城邦書號KX0059 **初版**2024年4月 **二刷**2024年7月
定價420元
MOOK官網www.mook.com.tw
Facebook粉絲團
MOOK墨刻出版 www.facebook.com/travelmook
版權所有・翻印必究

執行長何飛鵬
PCH集團生活旅遊事業總經理暨墨刻出版社長李淑霞

總編輯汪雨菁
資深主編呂宛霖
採訪編輯趙思語・李冠瑩・蔡嘉榛
叢書編輯唐德容・林昱霖
資深美術設計主任羅婕云
資深美術設計李英娟
影音企劃執行邱茗晨

資深業務經理詹顏嘉
業務經理劉玫玟
業務專員程麒
行銷企畫經理呂妙君
行銷企畫主任許立心
行政專員呂瑜珊

印務部經理王竟為

國家圖書館出版品預行編目(CIP)資料

超簡單！東京近郊排行程：9大區域x 28
條路線x260+食購遊宿一次串聯！1～2日
行程讓新手或玩家都能輕鬆自由行／墨刻
編輯部 作；-- 初版. -- 臺北市：墨刻出版股
份有限公司出版：英屬蓋曼群島商家庭傳
媒股份有限公司城邦分公司發行, 2024.4
224面；16.8×23公分. -- (Theme；59)
ISBN 978-626-398-010-5(平裝)

1. 自助旅行 2. 日本東京都

731.72609　　　　　　113003921

墨刻整合傳媒廣告團隊
提供全方位廣告、數位、影音、代編、
出版、行銷等服務
為您創造最佳效益
歡迎與我們聯繫：
mook_service@mook.com.tw